劉君祖易經世界

身處變動的時代，易經教你掌握知機應變，隨時創新的能力。

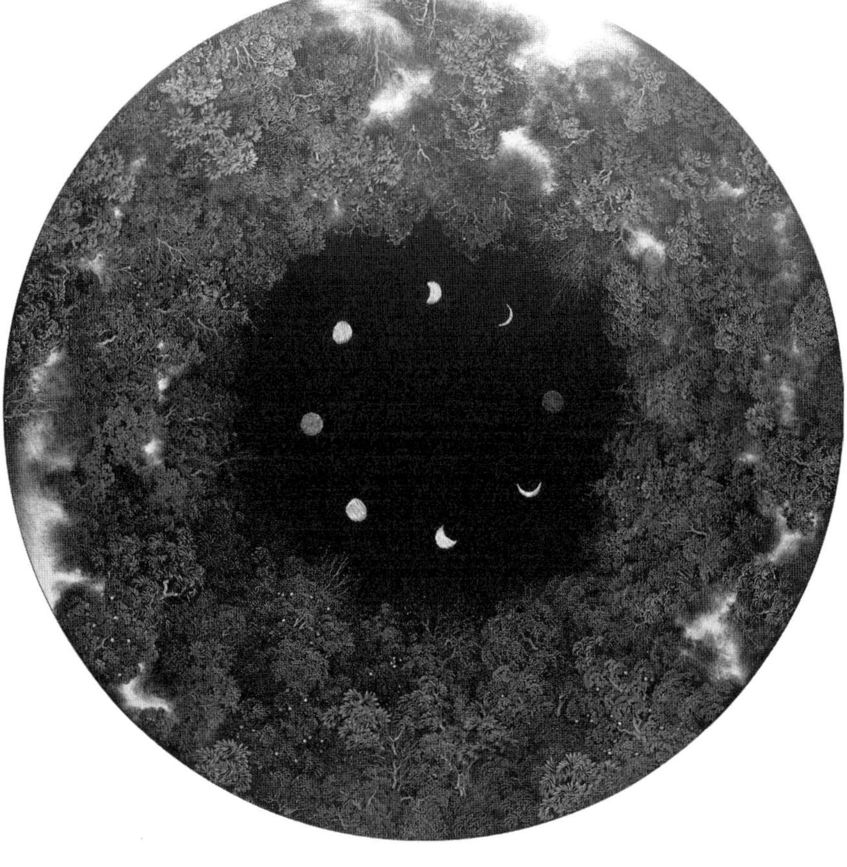

[從易經看]黃帝陰符經

READING THE HUANGDI YINFUJING
THROUGH THE LENS OF THE I CHING

劉君祖——著

目錄

蕭序：洞悉先機，以智取勝 009
自序：夢裡江山更好 013

陰符經 017
〈上篇〉神仙抱一演道章 019
〈中篇〉富國安民演法章 053
〈下篇〉強兵戰勝演術章 078

天機經 107
總序 109
昌：天有五賊，見之者昌 122

身：萬化生乎身 130
機：人心，機也 134
藏：性有巧拙，可以伏藏 138
靜：耳目口，可以動靜 145
人：知之修煉，謂之聖人 149
安：三盜既宜，三才既安 153
神：不神之所以神 156
聖：聖功生焉，神明出焉 160
命：小人得之，輕命 164
倍：絕利一源，用師十倍 166
物：心生於物，死於物 169
目：機在目 170
蠢然：迅雷烈風，莫不蠢然 171

生：恩生於害，害生於恩 180
勝：陰陽相勝 182
順：陰陽相推，而變化順 185
契：律曆所不能契 187
象：爰有奇器，是生萬象 189

附錄 191

《陰符經》本文 192
《天機經》本文 195

蕭序：洞悉先機，以智取勝

《陰符經》現存的版本有兩種：一為唐．褚遂良抄寫的四百餘字本子，一為李筌所傳的三百字本子。《陰符經》的分章，一般採用李筌的三篇分法，〈上篇〉神仙抱一演道章，〈中篇〉富國安民演法章，〈下篇〉強兵戰勝演術章。由其篇名來看，可見此經雖然短小，卻是上可用來修道成仙，中可用來富國安民，下可用來強兵戰勝。唐宋以來的內丹修煉家，常引用《陰符經》的「觀天之道，執天之行」及五行生剋術，來行內丹的攢簇五行、和合四象，此即是神仙抱一演道。古今以來，治國安民者，則用《陰符經》：「天生、天殺，道之理也。」順事理之本然，而不以一己私心來使國富而民安。其軍術謀略家，則以「陰陽相勝」、「絕利一源，用師十倍」，來行強兵戰勝之術。

《陰符經》所談的是生殺、機時、盜賊、生剋、伏藏；所使用的字詞，都是觸目驚心的名相。宋．高似孫《子略》稱此經為：「鑿天之奧，洩神之謀。」唐．陸龜蒙《讀陰符經詩》說它：「備識天地意，獻詞犯乾坤。」「口銜造化斧，鑿破機關門。」唐．皮日休《讀陰符經詩》說它：「不測似陰陽，難名若神鬼。得之昇高天，失之沉厚地。」總之，古人認為能領悟此經之哲理，則可以戰勝強兵，治國安民；可以稱帝稱王，成就王圖霸業；失其宜，則喪國殞身。

「陰符」二字，唐．李筌註云：「陰，闇也。符，合也。天機闇合於行事之機，故曰陰符。」亦即要我們符契天地生殺的機宜，掌握其機時，以陰陽生剋來行事。在義理上，《陰符經》與《老子》、《易經》、《鬼谷子》，均有相通之處。其行事，頗似《老子》七十八章所言「正言若反」的情形。經中要我們能生能殺，能伏藏己心，以勝剋用事；掌握機與時，並盜盡天時、地利、物資、人謀，以立業、富國、勝敵、強兵，為天地定基，使萬化得安。所謂「天生天殺，道之理。」、「生者死之根，死者生之根；恩生於害，害生於恩」，將生殺視為天地之正理，以為生死互根，恩害互生。而「天地，萬物之盜；萬物，人之盜；人，萬物之盜。三盜既宜，三才既安。」極力倡導盜取天時、地利、物資、人謀。又，經文中「食其時」、「動其機」、「其盜，機也。天下莫能見，莫能知。」、「天發殺機，移星易宿；地發殺機，龍蛇起陸；人發殺機，天地反覆。天人合發，萬化定基。」等等，都無非要我們掌握機與時，以行生殺。全經所言皆在以人事符天地，伺時伺機而動，以陰陽勝剋來相推移，來行事。生殺並重，盜賊兼取。與中國自古儒家所倡導的仁恩慈心，斥盜非賊，重生罪殺，有極大差異。

老朋友劉君祖先生是《易》學名家，喜好《鬼谷子》、《陰符經》等縱橫謀略之術，二〇一九年五月曾出版《從易經看鬼谷子》一書，今又出版《從易經看黃帝陰符經》，可謂研究有得，積學有成。

君祖先生所用的《陰符經》，是褚遂良所抄文字較多的本子。書名雖是《從易經看黃帝陰符經》，其實該書包涵了《陰符經》及《天機經》兩大部分的詮釋文字。《天機經》，收錄於《正統道藏·太清部·志字號》。《陰符經》及《天機經》雖同屬道經，但是《天機經》是為解說《陰符經》而作，二者性質相同。《天機經》分為：昌、身、機、藏、靜、人、安、神、聖、命、倍、物、目、蠢然、生、勝、順、契、象等十九個詞目的解說，君祖先生則分別以《陰符經》的文句來搭配《天機經》的詞目，依次為：昌：天有五賊，見之者昌。身：萬化生乎身。機：人心，機也。藏：性有巧拙，可以伏藏。靜：耳目口，可以動靜。人：知之修煉，謂之聖人。安：三盜既宜，三才既安。神：不神之所以神。聖：聖功生焉，神明出焉。命：小人得之，輕命。倍：絕利一源，用師十倍。物：心生於物，死於物。目：機在目。蠢然：迅雷烈風，莫不蠢然。生：恩生於害，害生於恩。勝：陰陽相勝。順：陰陽相推，而變化順。契：律曆所不能契。象：爰有奇器，是生萬象。以上，前為《天機經》之詞目，後為劉君祖所配《陰符經》文句，讓人更容易明白兩經之關係，也凸顯出《陰符經》全文大意所在。

在書中，君祖先生除用本行《易》學的角度，以《易》卦陰陽生剋之學來解讀《陰符經》外，也把《鬼谷子》下卷〈本經陰符七術〉以及詮釋《陰符經》的《天機經》，都滙聚在一起，並以歷史事件來闡發相關文句。其書簡明易懂，將嘉惠於學子，因以為序。

蕭登福謹序於台中大里

自序：夢裡江山更好

人生天地間，多有建功立業、揚名後世的野望，然而自古以來總是成功者寡，敗亡者多。縱然取得一時勝利，難保善終的也比比皆是。這是成敗興衰的必然規律嗎？還是參賽者業障深重修為不足，若精進修習更高深的智慧與法門，則能超脫凡俗而立功立德、圓善有終？

《黃帝陰符經》這本收入《道藏》中的奇書，全經才五百多字，雖然冠上了「黃帝」之名，但不可能是軒轅黃帝所作，也考證不出真實作者為誰。然而就像《黃帝內經》風靡中醫學界一樣，《黃帝陰符經》自古迷倒了不知多少對事功領域有興趣的豪傑志士。託名注述者有：黃帝、伊尹、太公、赤松子、范蠡、鬼谷子、驪山老母、張良、鍾離權、曹操、諸葛亮、葛玄、葛洪等。唐宋以後研讀撰述者更多：李筌、李靖、李淳風、黃庭堅、朱熹、劉處玄、程頤、邵雍、呂坤、李光地等，都是國史上赫赫有名之士。

全經分三篇：上篇「神仙抱一演道」、中篇「富國安民演法」、下篇「強兵戰勝演術」。從真理大道的體悟，推出妙用資源以致富之法，進而面對激烈競爭鬥智逞術而取勝。行文簡練精到，發人神思，觀象設想與眾不同。例如：「天有五賊，見之者昌」，「三盜既宜，三才既安」，「天之無恩而大恩生……天之至私，用之至公……恩生於害，害生於恩」。賊、害、盜一般都是負面指涉，在這裡卻有了更深、更巧的含義。這與《老子》正言若反的風格極似，思路亦相通。

本經末段稱：「至靜之道，律曆所不能契。爰有奇器，是生萬象。八卦、甲子，神機鬼藏，陰陽相勝之術，昭昭乎進乎象矣！」道家尚柔尚靜，其所依循的自然之道，調樂律、推曆法都不能精確契合，而八卦、甲子陰陽相勝之術，卻可以充分體現無遺，對《易經》的理氣象數推崇到極致，中國無上甚深的智慧盡萃於斯。

近年來世局日亂，天災人禍幾乎無日無之，要怎樣防範和面對呢？「天發殺機，移星易宿；地發殺機，龍蛇起陸；人發殺機，天地反覆。天人合發，萬化定基。」再怎樣巨大的禍害，智者永遠達觀應對，剝極而復，劫後重生。「火生於木，禍發必克；奸生於國，時動必潰。知之修煉，謂之聖人。」

防災避難，還得見機得早，弭禍於無形，依此修煉，可成聖功。二〇一九年全球經濟墮入谷底；中美兩大國的貿易紛爭愈演愈烈，未來世界情勢的變化必將出人意表，既深且鉅。我們處此末亂之際，深切體悟《陰符經》的精純智慧，當有醍醐灌頂奇效。

《道藏》中還有一部《天機經》，全文約三千字，專門拈出《黃帝陰符經》中一些關鍵字闡揚論證，如昌、身、機、藏、靜、人、安、神、聖、命、倍、物、目、蠢然、生、勝、順、契、象，配以歷史人物事蹟，義理亦粲然可觀。陰符者，暗合自然之道，兩書合觀，天機盡泄無餘矣！本書詳解二經，希望讀者有所會心，真實獲益。

陰符經

觀天之道，執天之行，盡矣！
天有五賊，見之者昌。
五賊在心，施行於天。
宇宙在乎手，萬化生乎身。
天性，人也；人心，機也。
立天之道，以定人也。
天發殺機，移星易宿；
地發殺機，龍蛇起陸；
人發殺機，天地反覆；
天人合發，萬化定基。
性有巧拙，可以伏藏。
九竅之邪，在乎三要，可以動靜。
火生於木，禍發必克；
奸生於國，時動必潰。
知之修煉，謂之聖人。

〈上篇〉神仙抱一演道章

《黃帝陰符經》又稱《陰符經》或《軒轅黃帝陰符經》，涉及哲學與軍事等方面。相傳此書出自黃帝，部分學者認為是後人偽託。有人說寫於商朝，有人說作者是戰國時的蘇秦，有人說是北魏的寇謙之，也有人說是唐朝的李筌，成書年代莫衷一是。

《黃帝陰符經》分上中下三篇，是講演道、演法、演術，即從道這一大原則到法、術的策略、方法。說「神仙抱一」，顯然是因為《黃帝陰符經》在《道藏》裡頭。《黃帝陰符經》和鬼谷子的《本經陰符七術》，都屬於《道藏》，都用「陰符」這兩個字，但內容可不是一回事，只是思維方式有點相像。

《本經陰符七術》在中國古代的哲學和兵學中都佔有重要的地位，作為道教的一部重要道經，歷代對它的注解都不在少數。《本經陰符七術》，「本」是根本的意思；「本經」，主要討論精神修養；「陰符」，強調謀略的隱蔽性與變化莫測。《本經陰符七術》涉及策略、互動的較量招式，而《黃帝陰符經》是整個從道談到法、術，比較全面、比較完整。冠上「黃帝」的名稱稱為「經」的經典在中國是很多的。西漢初年的文化復興，係因秦始皇焚書坑儒，但到漢武帝獨尊儒術之前，還是「黃老」當道。「黃老」就是黃帝和老子，所以那時很多的書借黃帝的名，最有名的就是《黃帝內經》。《陰符經》前面掛上「黃帝」兩個字，屬於「黃老」這個道家的體系顯然是沒有疑問的。其實，整個中國學問就是源於道，這個道不是狹義的道家之道（只是道家用了道的名稱），而是大道的道，儒、道都從這裡來，其他的墨、法諸家都源於道。

「陰符」，「符」就是符合、符應，就像《易經》中的占卦跟事情的結果是相應的、符合的。一塊竹子劈成兩半，結果可以合在一起，能夠契合，怎麼契合的？就是表面上看不出來，而是暗中契合，這就要用智慧、用術了，尤其是道家這一套，如柔能克剛，表面上看好像不怎麼樣，最後贏的卻是柔的一方，只是柔這一方在陰進行，不在陽進行，所以很難防範。「陰符」就是最後發現都符合預測，達到了希望的結果，暗合於大道，而且表面上不易防範，不顯山，也不露水。

人生在世就是道、法、術。你是哪一道的，是同道，還是道不同不相為謀？下面就要講法，不然一個東西沒有辦法成形。最後一定要講術，會競爭，會合作，會互動。術源於法，法源於道。在法家中，除了「法」跟「術」之外，主要提的就是「勢」，形勢很重要。

現在開始進入上篇「神仙抱一演道章」。

（一）

觀天之道，執天之行，盡矣！

上篇開頭十個字，開門見山，不講閒話，直接就講核心。「觀天之道，執天之行，盡矣」，「盡矣」，全部都在這裡了。也就是說，整部《黃帝陰符經》對於宇宙人生的看法就在「觀天之道，執天之行」這八個字，就是天道、天行。

道的層次是最高的，「行」就是道由「體」啟「用」，開始運轉、流行，我們甚至可以畫出其軌跡，就像《易經》中的十二消息卦。「剝極而復，天行也」，「七日來復，天行也」，剝卦（䷖）、復卦（䷗）的〈彖傳〉都講「天行」，「天行」也是乾卦（䷀）〈大象傳〉的概念：「天行健，君子以自強不息。」整個宇宙的日月星辰都有規範的運行軌跡、週期，那個現象就是「天行」，顯現在外頭。

人有人的行，天有天的行。自然現象的種種演變、運轉，自強不息，就是「天行」，也是自然的運轉規律，這種現象可以由觀察得知其運行軌跡、規律。這些規律沒有人能改變它，我們要「執天之行」，即一定要把天行的自然規律緊緊抓住。「執」，就是要抓緊，不能鬆掉。因為形勢一定是按照規律演變，不能鬆脫，要執，要守，還要信受奉行。

「執天之行」前面為「觀天之道」，天道是根本看不到的，要去體察，需要「仰觀天象，俯察地理」。「天之行」後面一定有「天之道」，一定有規律、道理，即變易、不易、簡易的規律，要用觀的功夫，就像「乾道變化」我們看不到。可是因為「乾道變化」，我們才看到「各正性命」；由「雲行雨施」，我們就看到「品物流形」。所以，我們要通過變化去嘗試觀察、觀想，去想天道是怎麼回事。《老子》第一句就講「道，可道，非常道」，可知，天道沒有那麼容易，不是掌握知識就能對應，也不是一般的世俗智慧能夠體驗、體證的。

如果能夠「觀天之道」，就會如《易經》觀卦（䷓）〈彖傳〉所說的「觀天之神道，而四時不忒」，「神」是動詞，即把天道發揮得淋漓盡致，陰陽不測到最高境界。人去觀天之神道，表現在可以看得到、體察到的現象——「四時不忒」，對春夏秋冬的觀察精確到極點。

「觀天之道」是第一步，「萬物靜觀皆自得」，下面就要按照天行來決定我們人生的奮鬥。「執天之行」，要謹守天道、天則來行事。人生就是「觀天之道，執天之行」這八個字，沒有別的，真的是「盡矣」；人的成敗、是非、禍福全在這其中。就像《易經》所說的，順天之行，就能達到「大人」境界——「先天而天弗違，後天而奉天時」。「先天」是反應快，但是仍然是用天道的必然規律，只是更早發現，後來應驗了。「先天而天弗違」，因為天也是按照這一套，大人的高瞻遠矚也是按照這一套，只是比天還快，還沒有任何徵兆前就已經佈好了局，最後形勢發展確實也是如大人所料。要是稍微慢一點，至少也是「後天而奉天時」，看到時機來了，趕快抓住，按照自然的規律去理解、推導，思患預防，趨吉避凶。

所有的智慧就在「觀天之道，執天之行」這八個字。先觀再行，「觀」是思想觀念，是觀察的境界，先瞭解、認知，認知之後有心得，就按照心得、規律去行動。先知而後行，所以，「執天之行」的前面是「觀天之道」。如果只有「觀天之道」，沒有「執天之行」，就沒落實。知而不做，知而不行，都是空。

很多人對佛教的《心經》都會朗朗上口地背誦。《心經》就是先觀而後行：第一句的第一個字就是「觀」——「觀自在菩薩」，而第二句第一個字就是「行」——

「行深般若波羅蜜多時」。這時智慧之光就可以「照見五蘊皆空，度一切苦厄」。這一點不容易，我們永遠都做不到。五蘊都空，就不會有任何障礙，可以直探本源，能夠幫助你度一切苦厄。要是還陷在「色、受、想、行、識」的五蘊之中，當然苦厄就不可能統統解脫。畢竟，有的苦厄你可以咬牙承受，有的苦厄就讓你受不了了。這是因為陷在五蘊的假象中，所以要破五蘊之苦。也就是剝極而復的意思，把假象都剝光了，真相自然就呈現；要是沒有剝光、剝淨，還是不究竟，脫離不了苦厄。

先觀而後行，人生就是這樣，觀了一定要記得行。沒有行的觀，不算數。如果沒有觀的行，就一天到晚亂來，缺乏正確觀念的指導。

「觀天之道，執天之行」說得很圓融，沒有說「觀人之道，執人之行」，因為人有很多欠缺，有欲望、業障的羈絆，一天到晚犯錯，一天到晚造業，只能往天道修正。整部《易經》也是在教我們「觀天之道，執天之行，盡矣」，沒有別的，就這麼做。

天道是最高的境界，天行是按照天道行事，除了天道、天行，還有天命。《易經》中的臨卦講天道，无妄卦講天命。「大亨以正，天之命也」，是无妄卦；「大亨以正，天之道也」，是臨卦。但是道比命大，臨卦第二爻「咸臨，吉无不利」，為什麼可以隨心所欲？因為它契合天道，不必去管天命，所以「未順命也」，只需「咸臨」無窮的創意。

「觀天之道，執天之行，盡矣」，我們也可以看成乾卦和坤卦（䷀䷁）。「乾以易知，坤以簡能」，一個是知，一個是能；一個是正確的理解，一個是充分的實踐。如果「觀天之道」是屬於乾卦「知」的境界，「執天之行」就是坤卦「能」的境界。有沒有這個能耐，有沒有這個耐心，「地勢坤」，要接地氣，要在廣土眾民中順著現實的形勢，把乾卦高高的理想落實，是最難的。「地勢坤」的「勢」，執力為「勢」，落實確實需要力道。

（二）

天有五賊，見之者昌。五賊在心，施行於天。宇宙在乎手，萬化生乎身。

我們接著看《黃帝陰符經》的本文。下面的話，就很有叛逆性，跟過去中國的一些經典就不大一樣，從反面講。「天有五賊」，「賊」不是一個好字眼，但是在《陰符經》中，公然談「賊」。「賊」有害的意思，像我們講《易經》的教化，在《禮記．經解》就侃侃而談要「潔淨精微而不賊」。換句話說，有的人在潔淨精微的修煉上走偏了，開始害人，開始有很多私欲的東西，結果走偏，害了易道，害了他自己，在這一過程當中也害到別人，這就叫賊。賊是有傷害性的，在自然的天道裡面，這種具有傷害性的現象就有五種。

賊，懂得吸收外界的資源，是典型的損人利己，一個「偷」字直接把賊描畫出來了。整個宇宙的生態循環，例如食物鏈就是賊：大魚吃小魚，就是賊小魚；小魚吃蝦米，就是賊蝦米；蝦米沒得吃了，就吃泥巴。大國吃小國，小國吃什麼？一個一個欺負。所以，人會傷害人和自然，從外界攝取一些資源，造成外界原有資源的損失，然後自己得到滋養。《易經》中的頤卦（䷚），有老虎，有烏龜，老虎賊烏龜，誰叫牠是老虎呢？老虎不吃烏龜，難道吃素？既然知道老虎吃烏龜，烏龜就要曉得趨吉避凶；而作為老虎，就要想盡辦法吃到烏龜。（原文為：「舍爾靈龜，觀我朵頤，凶」，「顛頤，吉。虎視眈眈，其欲逐逐，无咎」。）

「五賊」，即五種互相偷取，人家還沒同意，就竊取人家的資源，變成滋養你的東西。這五賊到底是什麼呢？後世有很多解釋，但是誰也不知道作者講的這五種賊是什麼。像很多解釋，說是賊命、賊物、賊時、賊功、賊神，這五賊真是如此嗎？不一定。宋朝的朱熹雖然是儒家，但是他也很喜歡《陰符經》，他就把「五賊」跟中國傳統的金、木、水、火、土這五行聯繫起來。五行也不是五種具體的東西，而是五種作用，即生、剋。在《尚書》中五行就被簡單地整理出來，說明在《尚書》之前，五行就在流行了。到後世，中國很多的理論幾乎不可能脫離陰陽五行。五行生剋，裡面當然就有賊的現象，那麼誰剋你，你剋誰，誰生你，誰又反剋，這種現象是交錯運作的，一定要搞清楚——「見之者昌」。至於所謂的「命、物、時、功、神」，我們且不管是從哪裡來的，但是五行的共通性是非常大的，有其抽象性跟普遍性。在《陰符經》中，我們不是從誰造就誰來看，而是誰吸收誰，誰沒經過對方的同意，就從別人那裡奪取資源生存下去，這種不告而取，就是賊，就是偷、搶。小偷竊財，大盜盜國，有些人沒那麼大本事，還會欺名盜世。還有那些帝國主義國家，一直在盜、偷，不用堅船利炮打你，而是用經濟控制你，用高科技竊聽、控制你。你看，德國的梅克爾生氣了，因為美國老竊聽她，她就寧願跑到中國，和中國的領導人暢談，把酒言歡。美國一天到晚都是在搗鬼，這些行為都是賊。所以，一定要從反方面看事情，「見之者昌」，要瞭解天地之間有生生剋剋的五種互相賊害，有時候造成傷害，不告而取。充分瞭解生剋的關係，你就會成功，事業就會昌盛。如果不瞭解這些，你一進去，就被人家扒光了，所有的資源被人家偷了，還沒法追究，因為都不知道誰下的手，完全沒有反擊能力。

這也是道家常用的方式，就如《老子》云：「天地不仁，以萬物為芻狗；聖人不仁，以百姓為芻狗。」

「天有五賊」，需要很冷靜地去看這種資源借用。「見之者昌」，要是能夠有真知灼見，就可以把裡面的生生剋剋的現象都看清楚。人生的昌盛，就是因為瞭解了這些現象，不管是非常熟悉的金、木、水、火、土五行的生剋，或者是命、物、時、功、神，對這些現象心中一定要有數。社會是錯綜複雜的互動，就算你對人際交往沒興趣，人與大自然環境的天地、鬼神還是有互動。互動不好，就被傷害，有時怎麼死的都不知道。所以，當然要瞭解，瞭解你自己，瞭解別人，瞭解這個天地世界。也就是說，不僅要知彼知己，還要知天知地、知鬼神。人生無時無刻不在跟天地人鬼神互動，互動關係是好、是壞、是傷害、是造就，一定要知道，這就是「見之者昌」在人生中的重要性。

「五賊在心」，心裡始終有對五賊的瞭解。人生做事就是心中自有一個道道，有藍圖、構劃，才可以「施行於天」，在這個天地之間，把它施行出來。也就是說，「觀天之道」，發現天裡面就有五賊，然後瞭解、熟練，念茲在茲，在人生的奮鬥中，處理好人際的互動、與自然環境的互動，就懂得「執天之行」，「施行於天」，根據你的智慧去面對複雜的天地人鬼神的關係。如果你練到《易經》中謙卦（䷎）「謙，亨，有終」的境界，天地人鬼神都不會找你的麻煩。但是，如果你稍微有一點失去平衡，驕傲自大，就有可能失去一切，反被賊害。這就是「五賊在心，施行於天」的運用。如果能夠這樣子運用自如、得心應手，很多事情就會迎刃而解。《莊子・養生主》中的庖丁解牛，就是如此。對一切都胸有成竹，就算是殺牛，也可以運用到最高的境界。達此境界，怎會隨隨便便被人家擊垮呢？

「宇宙在乎手，萬化生乎身」，只要充分掌握主動性，天地間的千變萬化都不在話下。形勢要怎麼變，環境要怎麼變，都由你控制，就像「時乘六龍以御天」（《易經．乾卦．彖傳》），也可以從你一生之中創生出來。一旦掌握變化，啟動變化，「宇宙在乎手」，宇宙在你手中易如反掌。宇宙就是時空，上下四方曰宇，古往今來曰宙，時空完全由你控制，翻手為雲、覆手作雨，一切都在運籌帷幄之間。瞭解了變化，就是了解「六位時成」（《易經．乾卦．彖傳》），位是空間，時是時空的關聯性，宇宙是相關的，不是截然不相關的，完全可以主控。「宇宙在乎手」，說明你可以做那個看得見的手，也可以做那個看不見的手。「萬化生乎身」也是如此，很多的局面、形勢完全都是因為你造成的，因為你站在一個相當的高度，完全掌握了複雜的五賊現象。

電影《笑傲江湖之東方不敗》中，幾個頂尖高手，就可以搞得武林大亂，也可以讓武林大定。電影中東方不敗有一句台詞：「天下風雲出我輩。」這就是「宇宙在乎手，萬化生乎身」。不是這樣嗎？天下風雲就是我們寥寥幾個高手在操縱。但是，後面還有「一入江湖歲月催」，本來是美少年、美少女，現在都變成老頭子、老太婆。一入江湖，的確很耗精力，歲月催人老，不服都不行。人有時候覺得自己雖然是高手，可是一捲到江湖裡面，也沒辦法，到時候要歸隱也不行，所以東方不敗最後也感慨：「皇圖霸業笑談中，不勝人生一場醉。」可見，初入江湖，可能會對霸業很著迷，要做天下第一人，要創一個大門派，後來發現其實也沒什麼，「不勝人生一場醉」。所謂的皇圖霸業，到頭來還不如喝一場酒來得過癮。

北宋易學家邵雍有一句詩稱「帝皇王霸大鋪張」，這種氣勢也是「宇宙在乎手，萬化生乎身」。我們不講「帝皇王霸大鋪張」，就講那個氣勢，這個不容易。歷史上有兩個帝王，一個劉邦，一個朱元璋，他們的事業沒人做得來。雖然他們誅功臣，朱元璋比劉邦還狠，但是他們的長處你辦得到嗎？他們殺的人，真的是統統不該殺的嗎？很難講。明太祖朱元璋無中生有，闖蕩了一輩子，殺了無數個人，很多身後的事情他還是沒有辦法控制。人怎麼算都不如老天算，所以他安排長子接班，結果長子死，安排長孫，長孫被幹掉。他留下遺訓，不要用宦官，結果後世諸皇拚命用宦官。

可見，人能夠控制什麼？朱元璋活著的時候，沒有人鬥得過他，每個人都不敢動，雖然這些人在某些方面是有霸道意味的。朱元璋至少也是「時乘六龍以御天」，其領導統御不是被動挨打，而是掌控形勢的，「宇宙在乎手，萬化生乎身」，萬物皆備於我，站在中樞的位置上，睥睨天下。

為什麼能夠辦得到？就是因為徹底瞭解「天有五賊」，加上「見之者昌」，所以氣勢飽滿，幾乎目空一切，可以充分掌握領導統御的積極主動權，成就就不得了。

（三）

天性，人也；人心，機也。立天之道，以定人也。

「天性，人也」，《中庸》第一句話就說：「天命之謂性，率性之謂道，修道之謂教。」意思是順著天命的順序去做，率性就合乎道，要是違反天命自然的本性，就不是道。所以《易經》才會說「苦節不可貞」（《易經．節卦》），當然縱欲也不行。「天性，人也」，人也是自然的，人不可能違反天性，人活天道，在天行中。宇宙日月星辰是天行；我們的內心，我們體內的氣血運行，身心的平衡，則是天性。天性是人也，人就很尊貴，人是有天命的，人的作為順著天性，可以實現高貴的天道。所以，人都有天性，佛教講人有自性，有佛性，儒家講人有良知良能。「天性，人也」，這一點看來不必懷疑，小孩子一生出來就「元亨利貞」，過了一個月，「元」就沒有了，就「亨利貞」了，需要發蒙，但是一定是來自天性的，只是「乾道變化，各正性命」（《易經．乾卦．彖傳》），所以到啟蒙的時候，就要記得「蒙以養正」（《易經．蒙卦．彖傳》），要把它恢復。從天貫到人，人就負有天命、天性。

「人心，機也」，人生成敗的關鍵就在心，不在其他。心主導一切，心決定一切。人心不是靜態的、一成不變的，有時每一個剎那都在變，那叫機。我們平常說某人心機好深，有城府，就是如此。有時人的起心動念，一天不知道上天堂、下地獄多少次，有時是天地之心，有時候就起一些貪欲的想法，就變成了明夷（黑暗）之心。「人心，機也」，人心變，機就出來了。人的起心動念，第一念可能是正確的，發善心；第二念就可能有自私自利的想法，不是善心了。就像《易經》中的无妄卦（䷘）

從第二爻就開始走偏了，無妄之災、無妄之疾接踵而來。這就是機，片刻都不停，每一剎那都在變。機一旦起來，就決定了後面的勢，機順著後面的勢，就會發展成一個狀況。像履霜就變堅冰，潛龍就變飛龍，所以要掌握人心，因為人心時時都在變。但是，人心真能夠掌握嗎？很難。「人心，機也」，永遠要跟上，永遠要察機，知機察微。有時候一個眼神，我們就可以發現自己講的話別人根本沒有聽，他心中可能在想別的，不知道在動什麼鬼腦筋，那時我們就要注意了。

人心千變萬化，知人知面不知心，那你怎麼能掌握到人心的變化呢？《易經・繫辭傳》說「樞機之發，榮辱之主」，要知機應變，隨機變化，當機立斷，見機而作。人心機動的變化，前念、後念截然不同，決定他最後如何做事。人與人彼此的互動較量，勝負、吉凶、輸贏、成敗的結果就是這麼來的。

「天性，人也；人心，機也」，所以最值得注意的是人心，這一點可以說直接受《易經》的影響。《易經》下經第一卦咸卦（䷞）就講人心，有人心才會感，「感而遂通」，「天地感而萬物化生，聖人感人心而天下和平」，等等。可是，咸卦的心是無形無象的，什麼時候感，自己都不知道，有時突然發作，自己都不知道脾氣從哪裡來，其實原來早就種下了。「咸」是無心之感，無心之感最自然，沒有做作。有心的就是恒卦（䷟），要費心經營長久。這就是從無心到有心。另外，我們發現在咸卦中，〈大象傳〉說「君子以虛受人」，意思是說人要虛心，心得放空。《老子》稱「致虛極，守靜篤」，這樣才能「觀復」。在《易經》同人卦（䷌）就說「二人同心，其利斷金」，同人卦第五爻「先號咷而後笑，大師克相遇」，也提到了人心。人心的重要性隨處可見。

可見，「天性，人也；人心，機也」，真要瞭解天，要從人來瞭解；真要瞭解人，要從心來看。那才是決定性的因素。

「觀天之道，執天之行」，說明不能偏離天道，如果偏離，就算你暫時成功，將來還是垮。「立天之道，以定人也」，在我們人生行事中，一定要建立一個依循的天道，按照天道、天命、天性來行人事，這樣就能夠定人。人生就可以安身立命，取得不錯的根基以立身行事。我們如果不「立天之道」，也不去「觀天之道」，我們在人間世是站不住腳的。就像恒卦那樣任憑雷風動盪，都「立不易方」，這是一日心為恒，是「苟日新，日日新，又日新」（《尚書》）那樣練出來的。一日心為恒，有了一日心，日積月累就有亙古心。東漢許慎的《說文解字》對「恒」的解釋說：「恒，常也。從心從舟，在二之間上下。心以舟施，恒也。」也就是說，人的心像一艘小船，在此岸、彼岸渡來渡去。恒如心舟，在兩岸飄來飄去。可見，人生要定得下來，一定要立天道，不能立魔道。

（四）

天發殺機，移星易宿；地發殺機，龍蛇起陸；人發殺機，天地反覆；天人合發，萬化定基。

人的起心動念，到後來會有好結果的很少，因為要修得成功不容易，有些人在不知不覺中偏離了正道。如今這個世界，業障其實蠻深的，大家在不停地鬥，破壞環境，破壞自然，就像佛教講的末法時期、憂患亂世，天地人鬼神的關係全亂了，所以殺機就出來了。前面講「賊」，這裡講「殺」，這就是「天發殺機」，後面還有「地發殺機」、「人發殺機」，而且天地人還會合發殺機，造成整體環境的大變化，產生大浩劫。

其實「天發殺機」之前一定是含蘊很久，潛伏到時機成熟才發生的。《易經》的坤卦第三爻屬於人位，它就說「含章可貞，以時發也」，還有姤卦（䷫）隕石撞地球一樣的大毀滅，也是「以杞包瓜，含章」，外面都看不出來，突然之間就爆發了。在發之前是含的，就像箭要射出去之前，一定有準備的工夫，一旦發出去，就決定了結果。醞釀很久，殺機就含蘊很久，有時藉著天災人禍，藉著重大的事件就發出來了。發之前一定含蘊很久很久，只看你有沒有觀察到。

「移星易宿」，講得非常誇張，原本在夜空中應該有固定位置的整個星宿，好像都會換位置，這就代表劇烈的變化，影響了整個宇宙。天所發的大殺機，對人來說，自然不可能抵擋。這樣的殺機就連星宿的位置都會轉移變化，何況人呢？這樣的狀況在整個宇宙中應該是有的，像星星的誕生，星星的爆炸滅亡，要知道星球也有生老病死，有時候就會出現大狀況。從我們的肉眼所看到的星空，像北極星，與孔子那時的北極星相比，位置可能都不一樣，因為經過幾千年，它真的會換位置。

「天發殺機，移星易宿」，未必是神話，《易經》中殺機很盛的卦，都可以抖出一籮筐。第一個馬上想到的是噬嗑卦（䷔），六個爻就有三個爻是「滅」，四個爻是「噬」；第二個想到的是剝卦，也是滅滅不絕，刀兵相見；第三個則是大過卦（䷛）和坎卦（䷜），這些卦都有重重殺機。而且「天發殺機」之前，也是像噬嗑卦之後的賁卦（䷕）一樣，含藏得很好。噬嗑不止是地球上的叢林法則，也是宇宙的叢林法則，大星星會吃小星星，宇宙星球中有黑洞，雖然時間長，最後可能爆炸或者被大的星系併吞。可是外人看起來，星空好漂亮，那就是賁卦的掩飾。所以，每一個很漂亮的背景之後，都在進行著殺戮的動作。

「地發殺機」，大地的殺機，我們的經驗就是地震、海嘯。「龍蛇起陸」，龍蛇本來應該在地底下的，可是「潛龍」變「見龍」，甚至變「躍龍」、「飛龍」，那就糟糕了。龍蛇一般潛藏在地底或者淵底，一旦出來興風作浪，肆虐大地，就代表環境已經沒有辦法把牠們壓住。「地發殺機，龍蛇起陸」，這是很驚人的意象，也不見得不可能。因為「地發殺機」，蟄藏的龍蛇就有機會了，牠們就破地而出，開始肆虐。那種巨大的山崩地震，真的很恐怖，潛藏在地底、海底的都跑出來了。其實「地發殺機」也是有徵兆的，就像大地震之前，總有一些不正常的現象出現在動物界或自然環境中。動物比我們的感應要靈敏，牠感覺到快要地震了，我們卻還在睡覺。「地發殺機」，一瞬間爆發，而「龍蛇起陸」就是一個徵兆，這樣的災難人類是很難預防的。

看起來，天災已經很可怕了，下面的人禍可能更可怕。尤其是人類在科技進步之後，發明那些可以把地球毀滅多少次的核武器。戰爭、鬥爭、大規模的毀滅性武器就是「人發殺機」，人的殺機也是起心動念，因為「人心，機也」，一些大國的領袖，一些軍火商，都有可能是「人發殺機」，結果就是「天地反覆」，造成翻天覆地的變化。所以，人的殺機可以對環境造成劇烈的反轉。在第一次世界大戰、第二次世界大戰的時候，有很多人就死於毒氣等化學武器，實在是殘忍，不管是同盟國，還是協約國，很多的化學專家在所謂的愛國主義熱情中，都研究毒氣等化學武器，結果對人和環境的毀滅更厲害。現代戰爭中禁止用毒氣了，但是比毒氣更可怕的核武器，則可以把整個地球給毀滅掉。

「人發殺機」，就「天地反覆」，絕對可能。在《黃帝陰符經》的時代，人沒有這麼厲害的武器可以破壞環境，造成這麼大的生態反轉，沒有那麼多的遺毒。美國在越戰的時候，很多武器的遺毒，幾十年都沒有辦法消除；日本的廣島、長崎很長一段時間都不能住人。這種「天地反覆」使整個環境都變了，其實也告訴我們，天地人有非常深刻的錯綜的互動關係，所以，我們看事情一定要平衡天地人鬼神。要知道，「滿招損，謙受益」，如果你的實力強，那就有破壞環境的能力，但是環境一旦破壞了，反過來人也就會倒楣，所以要謙，不要自大。

「人發殺機」的「機」，有時候只是某一個重要人物，可能是希特勒，可能是成吉思汗，他們的一個想法就會造成天翻地覆的後果，整個穩定的結構就變了，變了之後就回不去了。「人發殺機」是跟「人心，機也」來的，所以很可怕，有時是殺人，有時是自殺，有時是無妄之疾。選擇自己結束，就是一個起心動念，就是那一瞬間，天地就反覆。另外，「天地反覆」也有革命的象，例如改朝換代。毛澤東在解放軍攻下南京城的時候，寫下一首有名的詩：

鍾山風雨起蒼黃，百萬雄師過大江。
虎踞龍蟠今勝昔，天翻地覆慨而慷。
宜將剩勇追窮寇，不可沽名學霸王。
天若有情天亦老，人間正道是滄桑。

意思是說國民黨被打敗了，解放軍進入南京。「虎踞龍蟠今勝昔」，南京城是虎踞龍蟠，認為可以超越古人，「天翻地覆慨而慷」，是不是翻天覆地？這就是人的雄心、人的霸氣。

人的正面情緒發動，可以改朝換代，但負面情緒一旦發了殺機，就會導致人禍連連。據保守估計，第二次世界大戰期間，傷亡就有九千多萬人，是第一次世界大戰的兩三倍，一戰是壕溝戰、毒氣戰，大概死了三千萬人。二戰死得最多是哪一國的人？不是我們中國人，中國人也是死得比較多的，一兩千萬，因為在我們國土上打仗。蘇聯人死得最多，大概佔一半，因為納粹幾百萬大軍去打蘇聯，死傷特別多。美國人一定死得最少。南京大屠殺，一殺就三十幾萬，所以如果在自己國土上發生戰爭，你就認倒楣吧。蘇聯那麼大一塊土地，差一點沒有守住。我們從小看到的那些西方的戰爭片，都沒有說蘇聯死多少人，不說中國犧牲很多人，其實他們那些國家死的人數根本很有限。諾曼地登陸死傷那麼多人，貢獻就在於把納粹幾百萬的兵鎖在那裡。中國死這麼多人，日本幾百萬兵就不能到別的地方去。

「天人合發」就是天災人禍並至。就像《易經》復卦的上爻所說的「迷復凶，有災眚，用行師，終有大敗。以其國君凶，至于十年不克征」，可謂災禍頻仍。天災人禍合發，以致「萬化定基」，也就是說我們生活的環境、生活的國際空間、生活的世界局勢變成一個新的樣貌，就是天人合發殺機的結果。第一次世界大戰之後的世界，跟第一次世界大戰之前絕對不一樣；第二次世界大戰後的世界，也肯定跟第二次世界大戰之前不一樣。很多東西都是一樣，「九一一事件」之後的世界跟「九一一事件」之前也不一樣。這就叫「萬化定基」。雖然中間是滅，滅了之後還有生；雖然有殺，殺了之後還有一個新的風貌。都是革故鼎新，是突然爆發的災眚之後決定的。

「天人合發，萬化定基」，這一句話耐人尋味，人在這裡面佔非常重要的地位，雖然是天災人禍並至，但不一定不好。因為舊的不去，新的不來，如果沒有剝，就沒有復。這就是新陳代謝、剝極而復，幾乎是任何一個生態都存在的事實。換句話說，包括我們的起心動念，我們的身體，每一剎那都有東西在剝，每一剎那都有東西在復。把這個放大的話，宇宙的滄海桑田沒什麼好奇怪的，原先在海底的突然翻上來「龍蛇起陸」，變成了高山；原來的高山沉到了海底，是很正常的。我們說地震很正常，不震才奇怪，不然永遠沒有辦法平衡。就一個長距離、遠而大的整體觀念來講，「天人合發」是殺機，可是給新世界的形貌定了基調——「萬化定基」，所以人不能老是回顧過去，要往未來看。《易經》中的姤卦「有隕自天」看起來是殺機，可是「天地相遇，品物咸章」。隕石撞下來是毀掉一些東西，但又給新的東西打好了基礎。恐龍滅亡了，其他的物種才有可能再往前演化。很多臃腫的企業沒有辦法生存，倒了，對企業來講是悲劇，但又有新的產業出來，那就是生機。

產業是如此，王朝是如此，人的一生也是如此。在不期而遇的時間爆發，爆發之後，幾家歡樂幾家愁，一定有很多東西毀滅掉，但是毀滅之後的清場，又讓很多新的東西有生的機會。滅的另外一面就是生，也就是革故鼎新。可見，「天人合發，萬化定基」是《陰符經》超人的智慧，它不認為殺機和賊就是壞的。有殺就有生，《莊子》裡面庖丁解牛明明是在殺生，可是它是藉著殺生在講養生的道理。也就是說，怎麼來的怎麼去，怎麼死的怎麼生，怎麼生的怎麼死。

正是因為這個觀點，我常常講所謂的世界浩劫、世界末日，那是西方宗教的想法。中國的《易經》沒有末世的觀點，六十四卦中，第六十三卦既濟卦（䷾）短暫的成功之後是第六十四卦未濟卦（䷿）的終而復始，永遠生生不息，任何一個東西都不會毀滅殆盡。即使是如離卦（䷝）突如其來的災難，後面還有「王用出征」的重建。通常任何宗教或者是宗教意味比較濃的，一定要講末世，因為有末世才有救贖，有救贖才有專業修行的人，這樣才有市場，對於一般的愚夫愚婦當然就是威脅加利誘，天堂跟地獄，信我的就得救，不然就準備毀滅。末世的觀點是宗教的特性，不然有誰信呢？比如《聖經》裡面那幾個罪惡之城整個毀掉，而《易經》中沒有，「生生之謂易」，所以中國沒有大量宗教產生的土壤，因為不需要末世，也不認為有末世。再大的浩劫都會過去，即使是「天人合發」的殺機，充滿著多大的毀滅的能量，也是「萬化定基」。也就是說，中國人的思想裡有憂患，沒有末世，永遠有新的開始，毀滅的另外一面是創造，這個世界仍然會繼續走下去。

（五）

性有巧拙，可以伏藏。九竅之邪，在乎三要，可以動靜。

「性有巧拙，可以伏藏」，每一個人的根器不同，這是沒有辦法的，有些人生性比較靈巧，有些人就比較笨拙，一定是形形色色的，但是，不管是聰明巧智的，還是笨拙的，都要懂得伏藏。也就是說，人要借助後天的修行降伏妄念，絕對不能縱欲，要節制與生俱來的種種欲望，飲食男女、名聞利養，統統在內。不能因為有欲望，就完全不保留，完全發出來，那一定是天下大亂的天人合發殺機。人的後天修行就是要懲忿窒欲、止欲修行，要把這些欲望藏得很深，克制伏藏。不管你是巧的還是拙的，是智的還是愚的，一定有欲望。嗜欲深者天機淺，不能夠毫無保留地發洩欲望，要把它隱伏起來，降伏自己內心不當的欲望，不然大家都隨心所欲、為所欲為，這個世界就太可怕了。所以，性雖然有巧拙的不同，但是巧也好，拙也好，智也好，愚也好，都得有後天的修煉，就是盡可能地像《易經》中的損卦（䷨）、艮卦（䷳）、節卦（䷻），要懲忿窒欲、止欲修行、節制自己，不這樣的話，世界就不可收拾。

「性有巧拙，可以伏藏」，像巽卦（䷸）之伏，八卦中的巽卦隱藏得很深，巽卦的另外一面是兌卦（䷹），即完全表露出來。兌卦有毀折之象，因為愛說，不慎言語，故易引來殺身之禍。巽是能夠潛伏，並不代表沒有，而是有效地控制，就如《中庸》所說的「喜怒哀樂之未發，謂之中；發而皆中節，謂之和」。不管你有哪一種法門，都是在做伏藏的動作。人有很多的野心，「虎視眈眈，其欲逐逐」（《易經・頤卦》），那是檯面化，而有些東西是潛龍的狀態，哪一天潛龍變成見龍，就不一樣了，龍蛇就起陸。「藏」有坤卦的概念，「伏」是巽卦的概念。從後天修煉來講，這就叫「神仙抱一演道」，得貞一。天得一，地得一，王侯得一以為天下貞，一致而百慮，殊途而同歸，不管你是巧還是拙，都可以伏藏。伏藏就是用了固守正道的貞，守得住，不亂來，「非禮弗履」（《易經・大壯卦》）。「貞」，不是一味地壓抑，而是適可而止、恰到好處，不是節卦的「苦節不可貞」，而是要適度節制自己的嗜欲。

下面就講得更具體了：「九竅之邪，在乎三要，可以動靜。」人潛伏的欲望，有幾個關鍵的資源出入口，叫「九竅」。「九竅」是單屬人的特點，包括人面部的七竅——雙耳、雙鼻孔、雙眼、一口，加上下體的「水道」和「穀道」，即前陰、肛門。九竅處理不好，不懂得慎言語、節飲食，要出大問題，病從口入，禍從口出。「天有五賊」，講「天發殺機」；講「九竅之邪」，給我們人生帶來很多無窮煩惱的就跟竅有關。所以《老子》就講「塞其兌」，要把兌的竅塞起來。「九竅之邪」，可以很邪很邪；「在乎三要」，九竅裡面還有更重要的，哪三要呢？耳朵、眼睛，還有口。九竅裡面最要命的是耳、目、口。講耳目口就不考慮我們的下半身，下半身可能是聽命令的，因為看到了，才想要，看到想要的東西，別的東西都看不到了。換句話說，眼不見則心不煩，眼見就麻煩了。然後是聽到了，聽到不該聽的。還有嘴巴，要吃要說，管不住。「九竅之邪，在乎三要」，這是重點中的重點，要把守好。「可以動靜」，耳、目、口是九竅邪的出入口，管不好不行，那個地方的一張一合就決定動靜。「三要」清淨了，就不會受負面的干擾，就能夠讓你好好地看，好好地觀，好好地說，動靜皆如，沒有問題。

（六）

火生於木，禍發必克；奸生於國，時動必潰。知之修煉，謂之聖人。

「火生於木」，從這一點看，前面的「五賊」，說是五行生剋是有一點道理的，因為這句話講的就是火跟木的生剋關係。我們要鑽木取火，用木材才能生出火來，可是火如果一燒大，木頭就沒了，這就叫「禍發必克」。所以，有時候要小心火，就像養老鼠要小心咬布袋，免得最後反噬一口。臣弒其君，子弒其父，都有起因。對於所有事物的生剋關係，我們要充分瞭解，五賊必有複雜的循環，就如五行無常勝。每一個動作，都不簡單。我把木材準備好，要生出火來，火勢要是失控呢？不但是木材，連房子都可能被燒掉了，這就是「禍發必克」。前面是生，後面變成了剋，就像「星星之火，可以燎原」一樣。而且到那個時候，一旦失控，根本就逃不掉，一切都焚燒殆盡。可見，「火生於木」，要在有效的控管範圍內，火可以取暖，可以照明，可以烹飪，一旦失控，就不得了，就會有離卦第四爻「突如其來如，焚如死如棄如」的災難，再不然就像旅卦（䷷）的「山上有火」，「鳥焚其巢，旅焚其次」，一切都付諸一炬。在《易經》裡面，火的可怕，常常是變成浩劫式的災難，就是因為不小心，剛開始根本就是日常生活需要的取火、烹飪，結果一不注意，任何一個可能是正面的「生」的東西，後來都變成毀滅的「剋」。所以，要注意適量的關係，要注意生剋的分量，還有周邊的條件。換句話說，「火生於木」，是每個人大概都要做的事情，但是到最後發現「禍發必克」，如果失控，一定會受到重大的損傷。本來想創造的，結果變成毀滅。

下面就做了一個類比。「奸生於國」，奸是國家養出來的，《中庸》云：「國家將興，必有禎祥；國家將亡，必有妖孽。」「奸生於國，時動必潰」，對於那種養奸的人，他覺得沒有關係，等到養大了，就像寄生蟲、傳染病，最後它會讓你全域潰爛，等到時間到了——「時動」，整個被寄生的體就崩潰，而且是「必」——絕對的，不要不相信。這就是坤卦初爻「履霜，堅冰至」，霜到最後變成堅冰的時候就是「時動必潰」，結果導致上爻的「龍戰于野，其血玄黃」，所以在「履霜」之初就要注意，一旦到「堅冰」的時候，就沒有辦法防範了。本來是一個正面的東西，失控之後變成一個負面的東西，結果導致亡國滅家，這也是人類歷史上常有的悲劇。

我們對事情的兩面性一定要瞭解清楚，就如太極圖陰中有陽、陽中有陰，陰極轉陽、陽極轉陰。這些事情一定要瞭解，瞭解之後要很冷靜地思考，也就是修煉了，修煉得不錯，可以成為聖人。這就是「知之修煉，謂之聖人」。完全瞭解前面講的「性有巧拙，可以伏藏，九竅之邪，在乎三要，可以動靜」，「火生於木，禍發必克；奸生於國，時動必潰」，不要養奸，不要隨便點火，這些事情徹底瞭解了，冷靜地修煉，修得不錯了，就是聖人。

從上篇來看，整個宇宙人生充滿了危機，隱藏著毀滅的因子，以致不可收拾的突如其來的大禍患，所以我們要有先見之明，要見機早，早一點把危機化解掉，這完全是《易傳》、《老子》的思維。

只有聖人，在面對天地大宇宙、人生小宇宙的恐怖和顛倒夢想時，才不會後退、厭世，反而是積極勇敢地面對，修煉成百煉金剛，去解決問題。聖人在《易經》裡面是「知進退存亡而不失其正」：面對任何事物的吉，要想到其凶；面對成功，要想到失敗；「既濟」要想到「未濟」。人就修煉這些，不要逃避，而是勇敢地面對。「知之修煉，謂之聖人」，對上篇做了一個總結。人生要修煉的東西太多，面對很多的不完美，面對很多的痛苦，面對很多的災難，最後還是要修煉。不管你是巧性，是拙性，可以伏，可以藏，人世間的種種色相，後面都是爭鬥，要懂得用智慧去面對。

〈中篇〉富國安民演法章

中篇很短，講到了富國安民，老百姓要安，國要富。

（一）

天生、天殺，道之理也。

「天生、天殺，道之理也」，這是絕對合乎道的理，有生必有殺，永遠不會變。沒有長生，也沒有長殺，有時候的殺，正是為了要生。中國的傳統思想雖然沒有佛教末世的觀念，但是有那種亂世的想法。從長遠觀點看，亂世有時也是老天爺實在沒有辦法清理時，乾脆整個不要，從頭再來，是不是有點像革故鼎新？《易經》鼎卦（䷱）一爻「鼎顛趾，利出否」，就是把過去的東西統統倒掉，要洗乾淨才能夠繼續烹煮新的食物。這就是中國傳統的講法——老天爺要收殺。

天生天殺，由生到殺，這是道理。就如天誅、天賞，「天誅」就是面對如《易經》明夷卦（䷣）的黑暗之心，「天賞」就是面對晉卦（䷢）的紅日初升。每個人都有明德、都有佛性，那是與生俱來的，要找到；而任何個人、組織的黑暗之心，起心動念的時候，一定要誅，不誅就完蛋。其實，我們由晉卦、明夷卦來看，光明、黑暗根本就是一體的兩面，不要只看一面。

（二）

天地，萬物之盜；萬物，人之盜；人，萬物之盜。三盜既宜，三才既安。故曰：「食其時，百骸理；動其機，萬化安。」

下面又引用盜的觀點，還是從「負面」切進去：「天地，萬物之盜；萬物，人之盜；人，萬物之盜。」而且這個「盜」是蠻好的：「三盜既宜，三才既安。」這種互相竊取資源、互相滋養的作用一直在進行，如果合適，天、地、人都能夠安頓。下面就引用《黃帝陰符經》以前的一些俗諺：「食其時，百骸理。」養生成功就是「百骸理」，「食其時」指一定要吃新鮮的。所以，理論上說吃罐頭、吃臘肉，都有問題的，吃過時的東西不行，孔子在《論語》裡就說任何東西一定要吃新鮮的和當季的。「食其時」，剛好是那時候長的，正面的能量特別夠，就選那個時候吃；「百骸理」，你的身體就健康。「動其機」，人生所有的行動，也是按照天地人、包括鬼神萬物之間互動的關係，彼此盜來盜去；「萬化安」，萬物由此穩定。有些注解認為，這就是天地人的互盜。道理很簡單，天地會生萬物，萬物就在天地之間拚命盜取天地的資源，然後就能夠生；萬物只有從天地盜取資源，才能夠長大。天地是萬物之盜，萬物大概也沒跟天地打招呼，一天到晚地呼吸、生殖、交配，找食物，順應氣候，都在盜取天地的資源。天地是萬物之盜，萬物一定從天地之中盜取、攝取很多的資源；而「萬物，人之盜」，人吃素也好，吃葷也好，也是盜萬物，動物、植物、礦物都可以為人所用，人就是扮演盜萬物的角色，不然怎麼長大？從盜的觀點來看，這確實是盜，萬物有同意過嗎？你說想吃牛肉，問過牛的意思嗎？吃稻麥，跟它商量過嗎？看誰能夠搶得多，搶糧食、搶石油，都是一樣，所以人就懂得役使萬物。可是要注意，人也是萬物之盜，不要認為只有人在欺負萬物，萬物也從人攝取資源，像光合作用，人對物不是完全單方面的掠取，物也靠著人。像人養花，人在養它的時候，就得花不少心思，每天要打理。像我這麼忙，每天一定要去澆我們家的盆景，那個盆景就盜了我的心思。這麼小的事情都是如此，還有我們如果天天吃大魚大肉，萬物也在盜你，身體會越來越糟。在不適合吃的時候，萬物就在盜你，你就在消耗。這就是交流互動，因小可以見大，所以，誰也沒有佔到便宜，最後就是要求平衡。大家除了要互相依靠之外，還要靠環境，靠天地，靠鬼神，靠「人謀鬼謀，百姓與能」（《易經・繫辭傳》）。可見，大家既然是共生的結構，中間有生生殺殺、有賊、有克、有盜，就要在這裡面求取天地人鬼神的平衡，儘量減少紛爭。要知道，任何事物都有兩面，你在盜人家的時候，人家也在盜你。我們花很多心思在玩物的時候，物也在玩我們，使我們喪志。

天地是萬物盜取的對象，就沒有經過商量，是自然而然的；萬物是人盜取的對象，人也是萬物盜取的對象，所以沒有說不合法，但是要合適；要「裒多益寡，稱物平施」，即「三盜既宜」，互相盜來盜去；「三才既安」，才有一個比較穩定的天地人的結構，沒有大的崩盤動亂。不盜怎麼行呢？事事都要打招呼怎麼行呢？很多東西在你沒有核心的創意之前，就是靠仿冒開始幹的，剛開始的時候是盜。這樣的話，人看世界，看眾生之間的互動，你的心胸就比較寬了。生命的層次是群龍無首的，沒有人在協調，也沒有人在做裁斷，那是天則，自然而然，只要整體呈現和諧就可以，即「三盜既宜，三才既安」。東西好不好，宜就好，合乎時中之道就好；過火了，太片面了，都不好。

這樣的話，「食其時，百骸理；動其機，萬化安。」養生與治國都是一套道理，時機很重要，我們要知時，要食鮮，還要小心消化不良。就像《易經》中的噬嗑卦（䷔）提醒我們，咬大骨頭，小心磕了牙；吃臘肉，小心遇毒；吃肉皮，小心滅鼻，小心坐牢。

「動其機，萬化安」，我們的任何行動，一定要掌握住恰當出手的時機。如果錯了，過猶不及，結果會很糟糕的。時機是一切，我們希望「萬化安」，一定要「動其機」，踩到鼓點上，在適合的時間出手，不該出手的時候就絕對伏藏，該出手的時候絕對不能含糊或出錯。這就是「動其機」，踩到鼓點上，抓住稍縱即逝的機會。所以我們不要亂動，動的如果不是「機」的時候，會自取其辱；動的如果剛好是時機之所在，就有豐收。不論是人，是萬物，還是天地、鬼神，只有「動其機」，才會有豐收。換句話說，如果看得不準就亂動，或者看準了不敢動，就不會有「萬化安」的大好局面。

為什麼《易經》的豐卦（䷶）會成就這麼豐富的世界？因為「明以動」，看準時機當機立斷。為什麼歸妹卦（䷵）一場空，因為它是感情衝動，「說（悅）以動」，高興就動，看到喜歡的就動，這種感情用事的結果就是啥也沒有。所以，我們看《易經》六十四卦外卦是震（☳）的動，內卦是從少女（☱）、中女（☲）到老女（☴），就越來越不堪。

（三）

《陰符經》跟老子《道德經》的筆法也非常像，正言若反，講宇宙，講一些正面的大道理，但是聽起來好像是反的。從反面去悟到正，始終都是太極圖的思考模型。從這方面切入，有時候更能夠刺激人，這不是故意危言聳聽，而是人生確實如此。從現實看，善的其實很少，大部分都是惡，如貪嗔癡、欲望、鬥爭，既然是這樣，就不能不面對，就算是性本善也要搞清楚，為什麼到後來世間這麼多惡。

道家從老子以降，在這方面就比儒家講的多一點，儒家是希望能夠回歸到本然的善，但是世界不是這樣完美的。韓非子也是直述人生很多的惡，當然，有一些東西講得有點過火。《陰符經》雖說「天有五賊」，還說天地人之間互相盜來盜去，但是社會的新陳代謝、剝極而復，反而就靠了這一點。看著是毀滅，但是毀滅也蘊含了新的創造，殺機中蘊含著生機。習慣了這樣的思維，我們就比較能夠體會《陰符經》的意思。

我們無從考證《陰符經》的出現究竟有多早，它也肯定不是黃帝時候的書，它很有時代感、危機感，看透了社會的亂象和動盪。講賊，講盜，講殺機，還講了「機」。要知道，中國的文化特別重視「機」，像《易經》、《道德經》都講

「機」，「機」是一剎那，一不小心就稍縱即逝。我們的人生有很多機會，稍微一猶豫、一晃神就過去了，永遠也不會再回來。有一些緣分也是失之交臂、擦肩而過，所以對於「機」我們要很敏感。還有，從「殺」要看到後面的「生」。很多東西就是一個意外，意外有時可能牽一髮動全局，影響到未來的格局。

眼前的二十一世紀，真的是天人合發殺機，看看「馬航事件」，二〇一四年三月八日第一架飛機失聯，然後是二〇一四年七月十七日第二架飛機被擊落。這種事要怎麼解釋？就算是誤擊，那這種事情怎麼會被有些人碰到呢？這畢竟不是天天發生的事，但是甲午年（二〇一四年）的殺機那麼盛，除了天災，「天發殺機、地發殺機」外，「人發殺機」也很可怕。那些形形色色的衝突，為了私利，真的是殺人絕不眨眼，就是濫殺無辜也在所不惜。這不是「人發殺機，天地反覆」嗎？

從「天發殺機、地發殺機、人發殺機、天人合發」的角度來看，可能就決定了未來幾十年新的世界秩序，也就是「萬化定基」。

「食其時，百骸理」，大家盜來盜去，結果反而「三才既安」，可見，不盜還不行。無處不存在盜的現象，我們平常吃葷、吃素，都沒有跟被吃的打招呼。吃素的就不見得高明，吃素也是盜。

「動其機，萬化安」，要抓準機來動，扣準時機，無論怎樣千變萬化也是一個安定的格局，不會搞得自己手忙腳亂、灰頭土臉、窘困危險。「動其機」就「萬化安」，「萬化安」是從「三盜既宜」來談的，前面講天的殺機、人的殺機合發時，也講「萬化定基」，結果不見得壞，但是中間的過程非常的震撼，讓人恐懼之極。也就是說，如同面對驚濤駭浪，但是只要你能夠在該扣扳機的時候扣扳機，該出手的時候就出手，當機立斷，見機而作，就可以「萬化安」。即便天的殺機、地的殺機、人的殺機，在某一個時間點上同時爆發了，我們還是有辦法讓其「萬化定基」。這就有點考驗人的膽氣智慧了。具備大智慧的人，不會被這些殺機嚇傻，面對破壞毀滅，還有信心重建，甚至明白破壞是必要的，只有打亂一切，才能重建。二〇一八年起，中美貿易衝突加劇，全世界經濟受波及陷入谷底，而基督文明與伊斯蘭文明間的冤冤相報仍未止息，整體情勢動盪不安。對大家來說，這種「殺機」的感覺應該是最深的。不祥的事情，好像每個月都不能少，偶爾一個月覺得應該可以太平了，結果「殺機」又來了。面對這種天災人禍的慘事，對經歷的人來說，實在是很震撼的事情。但是，在局中的人，只能勇敢面對，好好修煉自己的智慧；「知之修煉，謂之聖人」，這時反而是脫胎換骨、超凡入聖的機會。

（四）

我再提一下「火生於木，禍發必克」。甲午年從五行來說，是火生於木，甲木屬陽木，是好材料，好燒，午屬火，火要燒，絕不缺燃料。乾柴烈火，一下就燒了，影響很大。外面的火，人心裡面的火，突如其來的事情很多，對人類文明來講，就是很大的考驗，這就是「禍發必克」。古人鑽木取火，帶來光明，帶來溫暖，帶來熟食，但是火一旦失控變成火災就非常可怕，一不小心就蔓延開來，誰都沒有絕對把握可以主控一切。一個人再怎麼強悍，可還是會遇到很多意外，就得學會危機處理。美國總統歐巴馬可以說在近幾年專門處理危機，處理到不知道該怎麼處理了。也難怪，誰讓他當了一個躁動的大國總統呢？這一切也不是從他才開始的，從美國變成第二次世界大戰之後的獨強之後，惡跡昭彰，很多後遺症都浮現了，想隻手遮天當世界員警的時代已經不再有了，絕對辦不到了。換句話說，這種「火生於木」的分寸要如何調節是個令人頭疼的問題。人不可能不生火，但是生的火勢你能控制嗎？失控怎麼辦？到處點火，連自己都沒有辦法處理了。

「禍發必克」，超過自己的能力，就很難應付。第二次世界大戰後期的核武器一出來，大家都緊張了，此時才發現，人可以把人類毀掉。過去幾十年，有很多時候都是在核戰邊緣。我們每個人在日常生活中還在算薪水拿多少，回家要抱小孩，怎麼知道自己已經從鬼門關前走過一遭了呢？原先是要「火生於木」，和平利用核能，現在大家連核電都要質疑了。其實，這還是人心的問題，還是「天性，人也；人心，機也」。以前艾森豪當美國總統的時候，儲藏了天量的核武器，如果真的出事，他該打到第幾層地獄呢？他最後告別演說還撇清自己，說是軍火商跟工業財團的問題，沒法控制。你看，美國總統都無可奈何，再加上那個時候的冷戰，隨時都會擦槍走火。這些殺機的出現，其實就是人心，武器是人發明的，我想愛因斯坦這些科學家泉下有知，恐怕是後悔莫及。他們怕納粹獨大，先把原子彈發明出來了，結果發現納粹很早就放棄了，後來才發現人一造了這個東西，就驕狂得不得了。美蘇軍備競賽，拚命造核武器，然後大家互相監督銷毀武器，那不是發神經嗎？這些錢不知可以改善多少民生，可以救濟多少窮人。可見，「火生於木」的舉動，足以「禍發必克」，所有這些殺機基於人心，人心如果不定，世界就會變得可怕。人心要怎麼定呢？要回歸天性、天命，要「立天之道，以定人也」。人要是浮躁、毛躁，手上拿著可怕的武器，殺機何時啟動都不知道。我們要按照天道來定人心，不然人心的機不一定是生機，很有可能是殺機。

還有，「奸生於國，時動必潰」。國家會養很多的奸，就像現在的貪腐。「奸生於國」，越養越大。「時動必潰」，時間到了就崩潰了。世界上那些賺翻錢的大藥廠，沒病都給你搞出病來，所以不要認為現在很安定，其實完全活在人家控制的天羅地網內，他在獲取暴利，你掙扎在生存的邊緣，你還認為他們都對，那就麻煩了。可見，《陰符經》沒有一句話是空的，寫這本書的真是高手，真的是「宇宙在乎手，萬化生乎身」。

「天生天殺，道之理也」，有生當然有殺，如果我們看到生就喜歡，看到殺就覺得很刺眼，那就不正常了。要知道，沒有殺怎麼有生呢？這個世界本來就是弱肉強食，這是自然規律。老子說：「天地不仁，以萬物為芻狗。」「天生天殺」，這是「道之理也」。任何事物都有兩面，我們不要一廂情願，只想著一面。生、殺之間的資源是互相流動、盜取的，根本是無形的、錯綜複雜的互動。陽光、空氣、水，你使用它們有打招呼嗎？「天地，萬物之盜」，萬物都懂得從天地中攝取資源，沒有徵求任何的同意，這也是本能，不然萬物怎麼活？「萬物，人之盜」，人就懂得從萬物之中去盜取資源，我們的吃穿、呼吸，都得從萬物來。「人，萬物之盜」，不要認為人類佔盡萬物的便宜，萬物其實也在盜你。人有時候自以為聰明，覺得自己利用了這個，攝取了那個，其實人家坐在那裡讓你替它服勞役。像煤、鐵藏在礦裡頭，石油藏在地深處，甚至藏在海洋深處，結果人就這麼發神經，花那麼大的心思去把它開發出來。可見，萬物也懂得役使人，人在付出消耗的時候，已經在替萬物服務。鳥吃果子，傳播種子，蜜蜂採蜜，將花粉傳遞，人也不可能例外。萬物懂得盜取人的精力、智力，進行很多事情，包括傳宗接代、物種的演化。所以，「三盜既宜，三才既安」，互相盜取，天地人才能安，這是一個非常複雜的生態平衡，資源絕對是流動的。《易經》從一開始就非常完整地看世界，像謙卦就兼顧天地人鬼神之間的平衡，絕對不遺漏任何一個。天地人鬼神之間也是互相盜來盜去。貪夫徇財，烈士徇名，都一樣。有的人自以為很淡薄，天天讀書，其實讀書也是被盜，被這些古人盜。

「食其時」，吃東西一定要吃新鮮的，吃任何東西，一定是時機很重要。過時的東西，真不能吃。「食其時」，就算是精神食糧也要合乎「學而時習之」，要對那個時代有用，不要學一些完全沒有用的，要消化吸收，變成自己的，不要搞一堆庫存，說自己讀了很多書，結果就是一個有腳的書櫥，還要浪費糧食，根本就是累贅，一點用都沒有。所以，為什麼講「學而時習之」？就因為精神食糧、物質食糧都得「食其時」，要用時去衡量。像《易經》的噬嗑卦中，人一天到晚鬥爭，殺來搶去，搶的都是不好消化的大骨頭肉、乾肉、臘肉，不是遇毒，就是崩了牙，都是食不時。故講究養生的頤卦說要「慎言語，節飲食」。一定要合乎時，如果物質的糧食、精神的糧食都合乎「時」的條件，那麼「百骸理」，身體就非常健康，四肢百骸都乾乾淨淨，絕對不會有廢物塞在你的身體裡。「食其時，百骸理」，下面就是行動——「動其機」，不能光吃不做事、光讀書不致用，吸收了物質食糧、精神食糧，吸收了養生、養心的「食」之後，就要在恰當的時機採取行動，目的就是希望「萬化安」。要是你吃的時候就不時，百骸就不理，你的小宇宙就有問題，身心根本就不平衡。如果手掌大權，結果又不懂得掌握時機，一出手就是無妄之災、無妄之疾，那怎麼可能「萬化安」？搞不好禍國殃民、災眚不斷。

（五）

人知其神之神，不知不神之所以神。

「人知其神之神，不知不神之所以神」，這完全是《老子》的修辭。一般的愚夫愚婦，或者是根基程度不夠的人，看到了天地人鬼神，包括領袖、明星，就覺得好神，其實看得太表面化了，真正的高手沒有很炫的表象讓你看到，也就是「不知不神之所以神」。這就是謙和、低調，真人不露相，露相非真人。可是，在亂世人心浮躁的時候，人們都去注重表面好炫的人物，認為是真神，不得了，不知道真正的頂尖高手給你看到的是淡泊的、平淡的謙和狀態。讓一般人覺得不好看、不華麗、不煽情，也就是「不神」。其實，「不神」才是最神，神到一般人都沒有辦法理解。一般人所理解的都是那種表面看著好像神，其實都不是最高的。拚命表現的反而不是真神，真正的高手會讓人沒感覺到其存在。謙謙君子，外表看起來沒有什麼特別吸引人的地方，因為他真正做到了「陰陽不測之謂神」的程度。所以，一般人的程度不夠，都是看外表，依照他所能夠理解的程度去理解，對那種看起來平淡的真神，根本就沒有辦法理解。《易經》中的謙卦是最好的卦，謙虛是人生最好的態度，只是真正肯「勞謙」的人少之又少。很多人覺得自謙吃虧，很多人不知不覺地嚮往豐功偉業，而平淡低調的真神，一般不為人知。還有，一般人追逐膚淺，因為不需要花什麼腦筋，就可以跟上流行時尚，但是，如此下去，文明不會有積累，流行的東西過了就過了，就像有人在年輕貌美的時候才有影響，一旦年老，就沒有了明星效應。等到色衰的時候，人們早就把他（她）忘掉了，而他（她）過去的風光也沒有任何值得留下的。淡泊才能明志，寧靜才能致遠，這才是「不神之神」。一般人看到的「神之神」，只是外表，為什麼呢？因為「九竅之邪，在乎三要，可以動靜」，耳目口，都是感官。正如老子云：「五色令人目盲，五音令人耳聾，五味令人口爽，馳騁畋獵令人心發狂。」很多掛著通俗之名的光鮮事物，其實是在媚俗，道理就在這裡。

想要知道「不神」之所以「神」，就得提高自己的修養，修為提高到一定程度才能夠理解。像「童觀」（小孩子看世界）和「闚觀」（婦女隔著門縫看外面），怎能理解「觀我生」（觀大我之生）跟「觀國之光」呢？一般人都知「其神之神」，就像眾生沒有辦法理解羅漢的境界，羅漢沒法理解菩薩的境界，而菩薩對佛的境界也看不懂。這就是差距，要看懂，只能提高自己，「欲窮千里目，更上一層樓」。

（六）

日月有數，大小有定，聖功生焉，神明出焉。

「日月有數」，對於在地球上活這麼久的人類來講，日月的數可太重要了，那是可以計算、預測的，像曆法就跟日月數有關，要是沒有數，那人們就亂了。

「大小有定」，大國、小國要認清自己的位置，小國不要埋怨大國，大國要有大國的認知。在動物之中誰是老虎，誰是小貓小狗，都是有定數的。《莊子・逍遙遊》

中，小大完全不是問題，小麻雀跟大鵬鳥一樣可以逍遙。假如大家都要爭著做大鵬鳥，估計宇宙都要爆炸了。真正的逍遙是要瞭解自己，大有大的優勢，小有小的精彩，「有定」，不要強求。有的人不喜歡現狀，羨慕人家，其實人家也羨慕你。每個人都覺得此岸痛苦死了，打破腦袋要渡到彼岸，沒想到一到彼岸，碰到一堆愁眉苦臉的人都想到此岸來。正所謂「各有因緣莫羨人」，你羨慕人家有錢，有錢人家還羨慕我們沒錢的呢。

「大小有定」就像剛柔、虛實、陰陽一樣的，宇宙間一定有大有小，有男有女，彼此才能互動。月亮本身不會發光，它就得借太陽光，可是它也很有貢獻，因為晚上太陽沒有辦法照映到，就得靠月亮來反射，它們之間就要互動。

「日月有數，大小有定」，是很淡泊、看得很深透的自然觀。不管是日、是月，是大、是小，是男、是女，是巾幗、是英雄，最後都可以成就事業，就像人人都可以為堯、舜一樣。

還有，講「日月有數，大小有定」，天地之間有一些自然法則、定數，經過精準的測繪體認之後，可以量化，所以宇宙有節，可以「制數度，議德行」（《易經・節卦》）。《易經》大衍之數的占法，就是從曆法的制訂而來。陰曆、陽曆，中國的陰陽合曆，就是很獨特的曆法。

「聖功生焉，神明出焉」，關於「聖功」，學過《易經》的應該比較熟悉。蒙卦（䷃）〈彖傳〉說「蒙以養正，聖功也」。「功」是指外面事業的創造，「聖」是指內在心性的修為，「聖功」就是內聖外王一以貫之，要做到很不容易的。從古到今，學問、事業的專業分化越厲害，越不容易見到這種完整的生命人格的展現。大部分都是某一方面專長，其他方面根本就是文盲。在外面闖事業的，也不見得有多少內在的做大事業的涵養修為。還有就是書呆子，一天到晚搖頭晃腦鑽書堆，完全沒有任何事業、事功上的創造。事實上，發展到後世，聖與功結合起來的人越來越少。但是人生追求真理啟蒙、復元，最後的極致是「聖功生焉」，因為「蒙以養正」，生下來就有的正，是「乾道變化，各正性命」，不都是同一個形式，大有大的成功，小有小的成功，日有日的成功，月有月的成功，選對適合自己的路，從內到外一以貫之，這樣就可以成就聖功，既進德，又修業，了無遺憾。這在《易經．繫辭傳》中就叫「富有之謂大業，日新之謂盛德」，這樣的人生就很完整。

除了《易經．蒙卦．彖傳》「蒙以養正，聖功也」之外，中國其他的書除了《陰符經》，好像沒有提及「聖功」。那麼到底是〈彖傳〉在前，還是《陰符經》在前，這就需要考證了；〈彖傳〉還比較好考證，《陰符經》真不知道什麼時候寫下來的。莊子講儒家強調內聖外王，內在的心性修為、道德修為，到了聖的境界，外面還能夠立功，做到這一點真的是太難了。

那麼，「聖功」是從哪裡生出來的呢？從「日月有數，大小有定」出來的，也就是說，要瞭解天則、人則，善加運用，不忮不求，自然而然就成就非凡。然後「神明出焉」，神明也從這裡出來。「神」指天地的造化，陰陽不測之謂神；「明」是代表文明，人的智慧，即文明的成就。整部《易經》就是「通神明之德，類萬物之情」，因為伏羲畫卦也是「仰則觀象於天，俯則觀法於地，觀鳥獸之文與地之宜。近取諸身，遠取諸物。於是始作八卦，以通神明之德，以類萬物之情」（《易經．繫辭傳》）。

神、明這兩個字尤其在《易經・繫辭傳》中特別多。

其實，神跟明的關係就是天跟人的關係。也就是說，我們的文明，我們的智慧，可以對神都能明，能窺探陰陽不測的天地造化的奧秘。如果照〈繫辭傳〉的說法，人類真的是了不起，像「彌綸天地之道」、「精氣為物，遊魂為變」、「智周萬物」，都知道「鬼神之情狀」，明跟神通，天跟人通，這是最高的智慧、最高的德行。從《中庸》的角度講就是「至德」，把至道具體化實現。

這就是「日月有數，大小有定，聖功生焉，神明出焉」。不一定大國才有聖功、神明，你看羅斯福以後的美國總統不都是灰頭土臉、丟盔棄甲嗎？而小國新加坡的李光耀就很不錯，所以不要在意大小，要看有沒有本領。以前那種事業做得大得不得了的君王，最後還是滅亡。夏、商、周末代的君王就是如此，被新興的諸侯取而代之，這些諸侯剛開始很小，最後成氣候，就取而代之。可見，不要計較大小，只要搞清楚日月的數，瞭解大小的定，再瞭解它們互動的規律，人生最高的德業就可以成功。

（七）

其盜，機也。天下莫能見，莫能知。君子得之，固躬；小人得之，輕命。

「其盜，機也」，又出現「盜」了。前面是「天生、天殺，道之理也」，「道」和「盜」同時出現。一般來講，「道」一定是正面的，「盜」絕對是負面的，可是在《陰符經》裡不是，「盜」是天地人鬼神互動的關係。互相盜來盜去，要想讓人心甘情願，就要把握最恰當的時機，盜要盜得巧，就像古龍筆下的楚留香，好多美女都喜歡他，人稱風流盜帥楚留香。「其盜，機也」，說明要盜得巧妙，抓住時機。天下文章一大抄，大家偷來偷去，但是偷得巧，就讓人佩服，因為偷盜者盜得巧妙，不露痕跡，而且出新意。如果說完全不受別人的影響，那是不大可能的。

所以，人做事要機靈、機敏，處事要有機智，偏離了「機」什麼也不是。機會很重要，可以說是間不容髮，就像《易經》中隨卦（䷐）的「隨時之義大矣哉」，姤卦（䷫）的「姤之時義大矣哉」，遯卦（䷠）的「遯之時義大矣哉」；一個是隨機應變，一個是不期而遇，一個是及時引退，都和「機」有關，都得把握最佳的時機。還有旅卦（䷷）的「旅之時義大矣哉」、豫卦（䷏）的「豫之時義大矣哉」，都是如此。但是，「機」不是一般人所能掌握的，智慧修為不夠就會錯失機會。只有擁有靈敏的感覺，出手才能一抓就準。

這種機常常在爆發前是無形的或者隱微不顯，故「天下莫能見」，芸芸眾生，真能夠見機而作的人太少；「莫能知」，沒有辦法察覺，那就更談不上巧妙地運用。也就是說，不是一般人看得出、看得懂的。「君子得之」，要有智慧有德行，有進取心的人瞭解了其中的奧妙，「固躬」；「躬」就是反躬自省、反身修德，而且是固守，不管如何風雷動盪都守得住。也就是說，君子瞭解了「日月有數，大小有定」，「其盜，機也」，瞭解之後還有準確地辨識、運用、佈局、造勢，他就懂得不斷地固守住我們本來擁有的好東西。《易經》中的頤卦初爻「舍爾靈龜」就是不能「固躬」，不能固守住內心的靈龜，而是「觀我朵頤」、「虎視眈眈」去了。復卦就是「固躬」，不斷地改過，回到本元，保持開創的能力。《大學》裡的「明明德」也是「固躬」。君子為什麼一旦瞭解了天地人的那些變化，就看得很準？因為其嗜欲淺，故天機深，他的自性得到很好的開發、復元。可是，現實生活中，因為「天下莫能見，莫能知」，像君子這樣體悟且身體力行的太少。

君子「固躬」，就活得長，真的是龜鶴延年。要是「小人得之」，就會行險僥倖，以致「輕命」。《中庸》稱「君子居易以俟命，小人行險以僥倖」，道理就是如此。君子處於平易而無危險的境地，素位而行以等待天命，所以不強求，這就非常像姤卦第五爻的佈局：「以杞包瓜，含章，有隕自天。」在時機沒有成熟之前，不會亂出手的。君子懂得這個道理就受用了，懂得「固躬」，不斷強化自己，不斷自強不息、明明德。小人則沒有辦法了，他就想佔便宜，耍奸取巧，欺世盜名，這樣「行險以僥倖」，就是「輕命」，開始一兩次可能僥倖得逞，長遠來看一定是敗亡。小人會賭，敢冒風險，就賭那一剎那；君子重視自己應該有的命，不貪，而是固守等待機會。小人和君子的態度是完全不同的。《中庸》講「素位而行」，安於平常所處的地位，君子就懂得「素位而行」；在困頓、造次、顛沛的時候，他守得住，不強求，他不會在貧賤的時候，討厭貧賤而巴結富貴。小人企圖不勞而獲，一步登天，就是「輕命」，把自己的命看得很輕。

「君子得之，固躬；小人得之，輕命」，這種類似的情況在《易經》中太多了。像剝卦的上爻，經過大的浩劫沖洗之後，結果「君子得輿」，就是因為「君子得之，固躬」，孤陽守住了，又有無限的生機，甚至能剝極而復。小人呢？「小人剝廬」，連住的地方都沒了。大壯卦（䷡）中，君子就懂得「用罔」，安然處之，就不會「羝羊觸藩」，小人就不可能，他心存僥倖，就「用壯」，憑著自己的血氣，像發情的公羊亂衝亂撞，結果就「羸其角」，撞得頭破血流。「羝羊觸藩」不就是「小人得之，輕命」嗎？「君子用罔」就沒那回事，守得很好，不會招致損傷、挫敗、羞辱。可見，面對同一個情境，君子的修為和小人的修為，結果就是不一樣。

「固躬」、「輕命」，結果相反，同樣面對的都是「日月有數，大小有定」這樣的天則、人則，如果失則，就像明夷卦的上爻「初登于天，後入于地」、「失則也」，變成黑暗之心；而明夷第二爻「夷于左股，用拯馬壯」，左大腿受傷了，但是懂得找壯馬支持，爻變就成泰卦（䷊），故稱「順以則也」。所以，要守則，那是自然規律、宇宙的奧妙智慧，是君子，得之就「固躬」，是小人，那就對不起了，「輕命」，原形畢露，下場就很慘。

〈下篇〉強兵戰勝演術章

下篇「強兵戰勝演術」，講的是方法、策略；上篇是講道、講本體；中篇講自然的法則。下篇則更重視策略實踐的層面，講的是術，就是人的行動。面對形勢，你的起點在哪裡，終點在哪裡，中間的休息站在哪裡，都要把它找出來。也就是說，行動講究的是方法。我們面對的人生，有競爭，成功的少，失敗的多，所以除了基本實力要強，還要講究術。光是富國安民不行，富了之後還要強，要有很大的攻守力量，強兵之後還要戰勝來敵，術如果能高人一籌，才有可能脫穎而出。

(一)

瞽者善聽，聾者善視。絕利一源，用師十倍；三反晝夜，用師萬倍。

「瞽者善聽，聾者善視」，這句話講的是殘疾人士，瞎子為瞽者，因為眼睛完全看不到，所以靠聽覺。他既然沒有辦法用眼睛去看，耳朵就變得特別靈敏，這就是因為專注。一旦命運把你視覺的能力給剝奪了，你就只有通過聽覺去瞭解外面的世界，那麼，盲人的聽覺就敏銳得不得了。「聾者善視」，也是一樣，如果聽覺出問題了，聾子聽不見聲音多半也講不出話了，變成了啞巴，可是眼睛是好的，就會看得非常透亮。「瞽者善聽，聾者善視」，就像我們所說的天眼通、天耳通一樣。這跟《易經》中履卦（䷉）第三爻所講的「眇能視，跛能履」還不一樣，「眇」指還沒有全盲，還不是瞽者，「跛」還可以走。一個人不管是先天的殘疾，還是後天遭遇不幸，變成瞎子或聾子，我們會發現他們在某一方面的官能反應特別敏銳。這就給我們以啟發，即「絕利一源」。「絕利」，就是把導致我們心思紊亂的欲望利益切斷，像止欲修行一樣。人在利益當先的時候，常常迷失，舉動會變得很可笑、很可悲。像當街搶劫的人，他的眼裡看不到員警，只看到他想要的東西。如果把牽動我們貪嗔癡的利益切斷，不要干擾我們，就會「一源」。「一」是動詞，「一源」，讓它專注化為一。老子說：「天下之動貞夫一。」「天得一以清，地得一以寧……王侯得一以為天下貞。」「一」能統合人的欲望，使人專注，把誘惑、欲望關閉起來。把利的來源給砍斷、阻隔，然後把所有資訊的來源，讓它專一，使人的心思虛靜、專注，這樣的話，就如易簡到一定地步，才是《易經．繫辭傳》所說的「不疾而速，不行而至」，「感而遂通天下之故」，這樣的人的感覺才會變得特別靈敏，就像一根針掉地上的聲音，能讓人感覺如同打雷。所以，源頭不能太雜，雜亂使人分心，只有萬法歸一，才會「易簡而天下之理得」（《易經．繫辭傳》）。

「用師十倍」，只要「絕利一源」，人的專注產生的力量，會超過平常戰鬥指數的十倍。兵法也說作戰不一定依靠總兵力，只要造成了相對的優勢，也能夠以少勝多。但是，用我的全部去打敵人最軟弱的環節，敵人來不及馳援，這樣也可以打敗敵人。那麼，如何取得決定性的勝利？就是專注，以實擊虛。我們平時思考事情也是一樣，為什麼要靜坐呢？因為「絕利一源，用師十倍」，專注使人的力量得到超常發揮，是平時戰力的十倍。

「絕利一源，用師十倍」，哪一個行業都一樣。當然，光這樣還不行。假如你想保持領先地位，還得更勤奮，需要像乾卦第三爻「終日乾乾，夕惕若，厲，无咎」，爻變就是腳踏實地的履卦。也就是說，代表天道的「元亨利貞」，創意一旦展開，落在第三爻的人位，就是「反復道也」，也就是《陰符經》所謂的「三反晝夜」。「反」者，反復其道之「反」，反身修德之「反」。人犯錯了，改過來，改弦更張，就叫反。《易經》中的復卦最平常的意思就是反省改過，「有不善未嘗不知，知之未嘗復行也」（《易經．繫辭傳》）。「三」是多數，因為人一天之中從思維到行動的錯誤，不知道要犯多少。一旦發現錯誤了，不要被欲望迷失，趕快檢查出自己的錯誤。「三反晝夜」，反省不分白天晚上，隨時都可以反省，這樣的話，專業的競爭力才能脫穎而出。沒有人不犯錯，只要在錯的過程中，從善如流，立刻就改，那就是掌握了復卦的核心創造力，就是「用師萬倍」，你的戰力、戰鬥指數在「絕利一源」的基礎上成長一千倍，雖然有一點誇張，可沒說錯。剛健、中正、純粹、精，這是每個人與生俱來的良知良能，有些人就是發揮得好，就像《易經》一個卦六爻發揮能夠旁通情，由內而外，由下而上，由基層歷練到高層領導統御，一以貫之，六位都能時成，都能發揮到淋漓盡致。而有些人就是暴殄天物，與生俱來的良知良能沒有去開發，每天打牌打到天黑，晚上再繼續，然後從早上睡到中午才起來，哪來的「三反晝夜」？人家在你浪費光陰的過程中不知道領先多少，他的力量，他的專業程度，當然是「用師萬倍」。

可見，要想使自己在人生奮鬥的過程中保持高效率，要從專注開始；「瞽者善聽，聾者善視」就是專注，專注才能達到一定的境界。有的人讀書晝夜刻苦，不知東方之既白，感覺時間過得好快，這是他專注的程度高；而有的人一讀書就感覺度日如年，因為他的心思不定，無法專注。

「瞽者善聽，聾者善視」，就是要專注；想勝，想強，方法就在這裡，沒有僥倖。《易經》中的咸卦（䷞）第四爻對很多感應不靈敏，就是因為「憧憧往來，朋從爾思」，整天胡思亂想，故孔子說：「天下何思何慮？天下同歸而殊途，一致而百慮。」（《易經．繫辭傳》）還是要你專注，「精義入神以致用也」，才能發揮用途。我們一般人都是「憧憧往來，朋從爾思」，所以爻辭才叫我們要「貞吉，悔亡」，就是用「一致」，即「一」的功夫，「絕利一源」的功夫，然後落實，就如損卦（䷨）第三爻：「三人行，則損一人；一人行，則得其友。」一定要簡單化。整個道家的絕學，關鍵就在「一」上面，儒家則是在「元」上面。孔子問學於老子之後最大的成就，大概就是改「一」為「元」。「絕利一源，用師十倍」，我們不妨試試。還有「三反晝夜，用師萬倍」，下這種功夫，才會成大功。要知道，成功不是偶然的，像戰國時縱橫家蘇秦，學成下山出遊各國，困窘不堪而回，被家人看不起，嫂子譏笑他，連老婆都忙著織布，不給他做飯，他開始定下來，懸樑刺股，「三反晝夜」，下了一年的功夫，結果「用師萬倍」，遊說山東六國，佩六國相印，成就縱橫功業。

古語說「十年磨一劍」、「鐵杵磨成針」，為什麼要給自己塑造一個造就專注的環境？因為外面的誘惑太多，且自己的妄念妄想也很多。王夫之因為反清復明不成，所以隱居鄉下，研究學問，成了大學問家。他在那麼糟糕的一個地方，能夠著作等身，寫出那麼多東西來。如果說，他在反清復明中有了一點成就，他絕沒有這樣的學問成就，因為他天天不知要應付多少事，而最後還是失敗。以前有個笑話說，一個亡魂要去投胎，到了閻羅殿，閻王就問他，你下一輩子想幹嘛呢？這個亡魂回覆說，要糧田千萬頃，還要美妾嬌妻個個賢。最後閻王說，你坐我的位子吧，我去投胎。結果，這個亡魂因為貪得無厭，投胎未果，成了孤魂野鬼，四處遊蕩。所以，人生不能貪，一定要一門深入，不能這個也是你的，那個也是你的。

（二）心生於物，死於物，機在目。

「心生於物，死於物」，物就是物質的欲望，包括飲食、權力、財色等名聞利養皆是。我們會起心動念，都是受物欲的牽引，看到好的東西就想據為己有。這就是「心生於物」，有物在前，我們的心自然就起心動念。一旦起心動念，就開始去追逐妄念、妄舉、妄動，結果就有災眚，心也就「死於物」。莊子說「哀莫大於心死」，很多人年輕時候的良知良能，稍微長大一點，開始貪求名、利、位，良知良能就不見，就死了。莊子說的「方生方死，方死方生」，就是如此。《易經》中的屯卦（䷂）是生，蒙卦從某種程度上就是死，因為「元」這一最基本的創造力沒有了。所以，「屯」是小草幼苗開兩片嫩葉的象，「蒙」就是一個死豬墳頭長草。可見，人老是心為形役，心為物役。「心生於物」，就是頤卦初爻所云：「舍爾靈龜，觀我朵頤。」（意思是，捨棄真正的養生之道，反而大吃大喝，逞口腹之欲）爻一變成了剝卦（䷖）——「死於物」。發展到第四爻的「虎視眈眈，其欲逐逐」，內心的主宰靈龜就完蛋了。

「機在目」，心為什麼會被物欲打動而追求呢？因為眼睛看到了，那是關鍵。看來還是瞎掉比較好——「瞽者善聽」，看不見就不會想，天天看見，就啟動了欲望之機、習氣之機。我們的心透過目看到外面的世界，心思就亂了。要是沒看到，大概還可以做到心不動；一旦看到了，不動妄念都難，然後你的心就埋葬於物欲的世界。

心是「生於物」，被欲望牽引，就「死於物」，由生到死，關鍵是在眼睛——「機在目」。老子說「五色令人目盲，五音令人耳聾，五味令人口爽，馳騁畋獵令人心發狂」，就是因為物欲的牽引使人迷亂。《冰鑑》說「人之精神，俱在兩目」，我們平常也說「眼睛是靈魂之窗」，但是眼睛一開一闔之間，欲望就出來了。有的人一見鍾情，有的人仇人見面、分外眼紅。「機在目」，就因為眼睛沒管好，很多事情都是一樣，沒看到不會想，看到了，沒有防範，就會「心生於物，死於物」。你要是到台北某些地方，看那些一天到晚逛夜店的，真是勾魂奪魄，我們一定要戴眼罩，不要被欲望給迷了心。

（三）

天之無恩而大恩生。迅雷烈風，莫不蠢然。

「天之無恩而大恩生」，天地沒有分別心，不會特別照顧誰、恩寵誰，這才是最大的恩。也就是說，天不會偏袒，不會護短，這就是老子所說的「天地不仁，以萬物為芻狗」。而人沒有辦法做到，因為人有情，有親情、有愛情、有友情，所以就算修到聖人境界，也沒有辦法做到「天地不仁」那個地步。人總是希望對與自己關係深的人，多照顧一點，所以我們就困在恩裡頭。這樣的話，弊端就是超過關係圈以外的顧不到。人獨親其親，獨子其子，尤其是獨子其子，每個人與生俱來都會，不用學。不獨親其親，不獨子其子，那可就太難了。「老吾老以及人之老，幼吾幼以及人之幼」，說起來容易，「老吾老、幼吾幼」尚可，要做到「以及……」就很難了。「天之無恩」，是最大的恩，沒有任何分別心，大恩從無恩之中生出來，看似無情的、絕情的，其實看得更遠、更深。林覺民訣別老婆去革命，譚嗣同視死如歸為變法，都是「天之無恩而大恩生」，為天下大義而犧牲。文天祥只要點頭，榮華富貴、文采風流什麼都有，但他選擇了死。這些人為什麼肯犧牲小我、成全大我呢？跟天地學的。人的愛恨情仇使人生充滿了苦，生離死別的時候痛苦之極，但都會結束，因為緣散了。「太上忘情」、「至人無情」，都是這麼來的，人的恩不可能包括整個宇宙，它是有界限的，超過那個範圍怎麼辦？你能不能突破小我跟大我？《易經》中觀卦（䷓）的三爻「觀我生」是小我、五爻「觀我生」是大我；離卦的三爻「大耋之嗟」是小悲，五爻「出涕沱若，戚嗟若」是大悲，這是有境界的，要做到真不容易。弘一法師一旦決定出家了，大徹大悟了，所有的老婆最後一面都不必見了，因為他就敢切斷。要是換作我們的話，再見最後一面又何妨呢？電影《臥虎藏龍》女主角大徹大悟時，還是要跑到武當山跟戀人纏綿一夜（其實道觀裡面可以幹這種事嗎？）然後才決定跳崖。這就是爽完了再去，無法和弘一法師相比。

「天之無恩而大恩生」，在道家來說太明顯了，學佛也是一樣，你要是眷戀這個恩，眷戀那個恩，怎麼擺脫人間世的束縛？拿起之後就要放得下，大恩就從這裡來，天長地久也是因為這樣才能長久。人為什麼不能長久？就是有生死恩愛，有愛有恨，無法解脫。就《易經》來說，人的境界修到聖人還不能齊天，要修到大人才能齊天，因為「大人與天地合德」，聖人只是「知進退存亡而不失其正」。《易經・繫辭傳》說「鼓萬物而不與聖人同憂」，聖人還是憂心不斷，不是憂國就是憂民，可是天地不與聖人同憂，它沒有這個痛苦，也沒有那個得失。

可見，人跟天還是不同，所以，《易經》的大衍之數才有「五十五」跟「五十」的差別。「天之無恩」，是超越、超脫，「而大恩生」。從《陰符經》上篇到下篇，不就是自然而然嗎？生生殺殺，自然得不得了，要是局限於殺的那一面，哪有生呢？舊的不去，新的怎麼來？這就是大恩。如果自古以來，人統統都不死，地球豈不是早擠爆了？

「迅雷烈風，莫不蠢然」，雷鳴狂風，有點像驚蟄春分的時候，動植物就開始蠢動了。休眠了一段時間之後，蠢蠢欲動，人在這時的情緒管理特別重要。春雷打動的時候，土鬆蟲動，很多東西都在蠢蠢欲動。「莫不蠢然」，也是一個生機，一年的從冬轉春，八卦的從坎到震，「天之無恩而大恩生」，再次辯證式地讓我們瞭解生殺，而且在機轉的地方，可以看到很多的事物「莫不蠢然」。如果這時你還看不清楚有些東西要有變化了，那就夠蠢了。《易經》震卦（䷲）代表動，猶如「迅雷烈風，莫不蠢然」，這時「君子以恐懼修省」，需要警醒防範。

「天之無恩而大恩生」，看著好像是天地無情，其實裡面可能有最寬闊的大悲小悲、大我小我。人很難突破，那就儘量往天道靠攏，免得人生太苦了。「迅雷烈風，莫不蠢然」，在周遭環境有重大變遷的時候，一定可以找到蠢蠢欲動的徵兆，像姤卦的「羸豕孚蹢躅」（饑渴的瘦豬內心最深層的情慾蠢蠢欲動），像大壯卦所代表的驚蟄春分，所有藏在地底下的東西都蠢蠢欲動。要蠢動怎麼辨呢？第一個就是「機在目」。顏回問怎麼行仁道，孔子說「非禮勿視，非禮勿聽，非禮勿言，非禮勿動」（《論語．顏淵篇》），第一個就是「視」，眼睛。「迅雷烈風」這麼大的環境動盪，它是有其意義的；「莫不蠢然」，你得看到「潛龍勿用」的層次，到「見龍在田」時就已經晚了。地底下有那麼多潛龍，你怎麼知道什麼時候爆出來？「迅雷烈風」之時，不知有多少東西在「蠢然」，只是時間還沒到，時間一到，「禍發必克」，如果「奸生於國，時動必潰」，就是「以時發也」。這就是「機在目」，所以要小心，「非禮勿視」，尤其是「大壯」的時候，要懂得那個蠢然，一旦動了，就不會只有一次，下面會動成一片。我覺得下篇到此時也是到了一個高潮，作者把他對天人間深刻的體悟，嘩啦嘩啦都寫出來了。

（四）

至樂性餘，至靜性廉。天之至私，用之至公。禽之制，在氣。

「至樂性餘」，人生太苦了，要尋求一種至樂的境界，就要「性餘」；這種人對什麼事情都從從容容，絕對不會莫名其妙、緊張兮兮，無論發生什麼變故，都應付得綽綽有餘。對突發事變的應付，留給自己的空間很大，應變的彈性很大。《陰符經》裡講的都是天地的劇變，但是他應付起來綽綽有餘。他的生命是非常頑強的，非常有韌性的，也是非常豁達、非常靈敏的，所以在這種情況下，他不是苦不堪言，而是「至樂性餘」。你出什麼招，他永遠可以應付，他也不必把全部力量用上就可以化解。「至樂性餘」，永遠有餘地，《易經・坤卦・文言傳》說：「積善之家，必有餘慶；積不善之家，必有餘殃。」這個「餘」，就代表永遠有空間去承受。頤卦講養生，也講治國，從卦象看就有太多應變的彈性，因為它圍成了一個最大的內在空間，所以把靈龜修好，就可以包容「虎視眈眈，其欲逐逐」，還可以無咎，「由頤」，立即「利涉大川」。如果空間好窄，應變的彈性好苦，就像密雲不雨的小畜卦（䷈），空間是不是很小？所以周旋起來就苦，要以小博大，在夾縫中求生存。空間太小了，一不小心就沒了。頤卦的空間很大，真的是「至樂性餘」。《莊子・養生主》中的庖丁解牛，遊刃有餘，就是因為空間無限大。

「至靜性廉」，「至靜」，與老子所說的「致虛極，守靜篤」類似，要靜，要到坤卦「至靜」的地步，人就不貪。人生就是貪這個，貪那個，貪有形的，貪無形的，到最靜的時候，那些物欲就不會使你動搖了。就如《孟子》云「富貴不能淫，貧賤不能移，威武不能屈」。不是你的，不會強求，是你的，你不要它，它都來找你。「性廉」，人就方正，《管子》說「禮義廉恥，國之四維」。「性廉」，因為靜到極點，到了至的地步。樂與靜是我們想追求的境界，「仁者樂山，智者樂水」，而仁者靜。

「至靜」，靜到極點之後，對外界輕微的動靜，他都能夠完全感測到；要是內心不靜，就算是很重大的變動，一般人都覺察不到。「性廉」，自然就不貪，因為看到了貪後面的牢獄之災和毀滅。我們希望樂，希望靜，但是要修到至樂、至靜，確實不容易。

「至樂性餘，至靜性廉」，自然而然，就是「天之至私，用之至公」。要是讀過《老子》，就知道這根本是老子的話，《老子》第七章講「天長地久」。天地為什麼能夠長生呢？「以其不自生，故能長生」，看著天根本不理你，也不給你施恩，但是它最後總體的表現是天下為公的，公道到了極點，「用之至公」。也就是說，「天之至私」，不刻意去照顧誰，其實是「用之至公」。我們要超脫，就要學天道，不要偏執，不要背那麼重的包袱。

人生會面臨競爭，還要看出手快，還要抓到那個時機，這就是「禽之制，在氣」。「禽」為禽獸的總稱，要想手到擒來，要想「田有禽」，開發一個新的資源，先要制住它，怎麼制住？看我們氣勢的運行。像「一鼓作氣，再而衰，三而竭」，

「朝氣銳，暮氣歸」，什麼時候氣最有效，效率最高，這是關鍵。無論是萬人敵的兵法，還是一人敵的武術搏擊，都是要制人，而不能制於人。我們要制人，就要掌握關鍵點，掌握主動，完全在氣，壓住對方的氣，提升自己的氣，還要掌握周遭的氣。「在氣」，氣勢有時候壓人，別人就算再強，也動不了。你要是氣弱，所有的人都可以蹂躪你，所以要練氣。孟子說要善養浩然之氣，文天祥也感覺到了，〈正氣歌〉就說「天地有正氣，雜然賦流形」。

氣很重要，「禽之制」，一定會面臨競爭，有勝負，誰會佔上風？「時乘六龍」就佔上風。你落敗，就沒有辦法，就得聽人家的，人家就是砧板，你就是魚肉。所以就要注意，如何把氣抓住。有的人氣是往上的，有的人氣是往下走的。在《孫子兵法》中，把氣分析得很細，〈軍爭篇〉云：「三軍可奪氣，將軍可奪心。是故朝氣銳，晝氣惰，暮氣歸。故善用兵者，避其銳氣，擊其惰歸，此治氣者也。」對於敵方士兵，可以挫其銳氣，使其喪失士氣；對於敵方的將帥，可以動搖他的決心，使其喪失鬥志。所以，敵人早朝初至，其氣必盛；陳兵至中午，則人力困倦而氣亦怠惰；待至日暮，人心思歸，其氣益衰。善於用兵的人，敵氣銳則避之，趁其士氣衰竭時才發起猛攻。這就是正確運用士氣的原則。這就是以氣勝。但士氣是裝不出來的，要訓練，要修為。像色厲內荏，氣絕對不能久。

「至樂性餘，至靜性廉」，就是修為，你辦得到嗎？「天之至私，用之至公」，如如不動，心裡特別寬闊。「禽之制，在氣」，氣盛，才可以勝人。光是耐心，人家就拿你沒辦法。躁動，就不可能練成決勝所需要的東西。

（五）

生者，死之根；死者，生之根。恩生於害，害生於恩。

「生者，死之根；死者，生之根」，這有點像太極圖，生、滅，生、殺，生、死，合法給你，或者你盜用來，生中有死，死中有生，生極轉死，死極輪迴轉生。「生者，死之根」，生是什麼呢？要是沒有生，怎麼會有死呢？只想要生，不想要死，那是違反自然的。「死者，生之根」，死的根源，是因為生。置之死地而後生，頤卦是生，大過卦是死。生死存亡，業力永隨身，互相為根，禍福相倚伏。宇宙的結構本來就是這樣，一陰一陽之謂道，絕對不是截然對立的，這就是「生者，死之根；死者，生之根」。

還有「恩生於害，害生於恩」，有時表面上看是害，後面表現出來的反而是恩，恩就從害裡面生出來；害是從恩裡面生出來，有時嬌慣嬌寵，想要對這個好，對那個好，結果適得其反，害出來了。林鳳嬌寵房祖名，結果這小子就開始吸毒，所以，該施家法就要施家法，溺愛驕縱，看著是恩，其實是害死了他；看著對他很無情，嚴格訓練，其實是對他有大恩。這就是恩是生於害，害是生於恩。

把這個說透了，我們再看「生者，死之根；死者，生之根。恩生於害，害生於恩」，就知道這就是人生的循環轉化。臨卦（䷒）稱「元亨利貞，至于八月有凶」，其實「八月有凶」就生於「元亨利貞」，「元亨利貞」就生於「八月有凶」。把這個道理看透了，曉得生死、恩害的轉換，就應該明白物極必反。《易經》說剛柔相推而生變化，恩害一定是並存的，禍福一定是相倚的，吉凶一定是配套的，最重要的是找出每一個動態點最佳的平衡。

（六）

愚人以天地文理聖，我以時物文理哲。

「愚人以天地文理聖，我以時物文理哲」，這句話像對聯一樣，後面的境界顯然是高智慧的境界，前面是才智平庸的愚昧人的想法，因為所見者小。這跟中篇的「人知其神之神」很類似，人總是看外表，認為有神通，不得了；「不知不神之所以神」，看不出謙和低調、真人不露相才是真正的功力深厚。智慧境界不夠，看到一些天地造化的變化，就覺得真是不可思議了，自己永遠也學不到，就對它膜拜，產生迷信。愚人就這麼好騙。看到什麼東西都看不懂，也沒有辦法去理解，就膜拜、迷信，就成為愚夫愚婦般的信眾，被政治家、政客騙，被神棍騙，這就是「愚人以天地文理聖」。天地中有它的文，有它的理。在《中庸》叫文理密察，愚人覺得這個太高了，不是人可觸及的，所以除了拜服之外，沒有任何質疑，也不會想到提升自己的智慧，他也沒有辦法去想像人家這麼了不起是如何辦到的。可是《陰符經》的作者透徹瞭解了，就像《孟子》所說的「舜何？人也；予何？人也。有為者亦若是」；人可以自強不息，人人可以為堯舜，人人可以掌握最高的天則，可以「見群龍无首，吉」。「我以時物文理哲」，作者發現很多東西了不起的成就，有時是通過「時物」來看的，人、事、物所有的這些資源都用物來代表，我們知道萬物、庶物、品物、六位時成，有時候是時代造就，把人推到風口浪尖，他不成功都不行。「時義大矣哉」，英雄沒有那麼神秘，有時候你看透了，一文不值。合乎時，「天地相遇」就「品物咸章」，「時來天地皆同力，運去英雄不自由」。

很多的物之所以有意義，有成就，完全跟「時」有關，一方水土一方人，時代會創造出這個物、那個物，沒有那個時或者時要過了，那就什麼都不是了。所以不講聖，而講哲，這裡面是有哲理的。我們懂得掌握天則，天則不是哪一個人的專利，「我以時物文理哲」，有為者亦若是。這個世界永遠是一些精明的人、聰明的人在耍那些笨蛋。李靖對唐太宗講，有很多東西根本就是騙人的，但是要把它廢了就不行，不然怎麼騙人？自己知道是假的，愚人相信這個就可以。同樣是文理，愚人就是完全不可解，就是「天地文理聖」，只能信仰、膜拜了。

（七）

人以愚虞聖，我以不愚虞聖。人以奇其聖，我以不奇其聖。沉水入火，自取滅亡。

「人以愚虞聖」，「虞」就是自以為、猜度別人可能怎麼樣。比較笨的人，天賦也不夠的，以愚昧的心態去猜度聖的東西，他認為那個「聖」比他的愚高太多了。而《陰符經》的作者認為眾生平等，叫我們不要這樣，這樣做沒出息，要求「我以不愚虞聖」，我一定不要用一個愚昧的心態去揣摩、瞭解那個傑出（聖）的東西，要保持平常心。他是人，我也是人，他修得不錯，難道我就一定修得不好嗎？「人以愚虞聖，我以不愚虞聖」，這是非常理性清明的思考。也就是說，不會被外面的蒙混住，要擺脫愚昧，進入聖的境界。

「人以奇其聖」，一般人就是少見，所以多怪，看到人家不得了，就覺得出奇。「我以不奇其聖」，我根本就不覺得有什麼好奇怪的，我承認聖，有成就，但沒有什麼好奇怪的，只要掌握他的心法，就像孟子所說的「說大人，則藐之」。已經成功的人沒什麼了不起，只是我還沒成功，我也在朝成功的方向走去，他的成功說不定就是走向墮落的開始。所以要「藐之」，你哪裡也不比他低。「我以不奇其聖」，這樣的人就可以做到平淡的心態，我們講《人物志》的時候，最高的是「聰明平淡，總達眾材而不以事自任者也」，因為淡泊才能明志，寧靜才能致遠。「人以奇其聖」，是因為少見才多怪。「我以不奇其聖」，不會一下就被人家唬倒，看著很平常，而平常心就是道。社會的好奇心理，喜歡炒作、喜歡眩惑，以至於「奇其聖」，那是沒有辦法的，自古以來就是如此。真正的高手不會幹這種事，一切都處之泰然，不會跟著瞎起哄。換句話說，也不會隨便受騙。一般人沒有辦法做到這一點，都是「奇其聖」、「愚虞聖」，那樣的話，就對不起了，真的是「自作孽，不可活」——「沉水入火，自取滅亡。」沒有那個上進、自強的心，老是希望撿現成的，等人家做好了，整碗捧去，沒有這樣的好事。要知道，社會不只有你一個人要小聰明，到最後都是像離卦那樣被突如其來的火燒光，陷入水深火熱的境地。這就是「沉水入火，自取滅亡」，誰也不能怪。

（八）

自然之道靜，故天地萬物生；天地之道浸，故陰陽勝。陰陽相推，而變化順矣。是故聖人知自然之道不可違，因而制之。

「自然之道靜」，靜又來了，這是自然之道。「故天地萬物生」，因為自然之道夠靜，提供的空間夠大，天地萬物才能生，就如孔子說：「天何言哉？四時行焉，百物生焉。」（《論語．陽貨篇》）老天爺不說話，自然界的一切都有序生長、更替。如果自然之道躁動得不得了，天地萬物都不得安寧，當然不容易生。自然之道是靜的，所以才會有「天地萬物生」，不是故意要生什麼就生，而是讓出空間了。老子說「生而不有」，並不要佔有，「為而不恃，長而不宰」，這是最高的玄德。《易經》乾卦說「大哉乾元，萬物資生，乃統天」，連天都統，不是「天地萬物生」嗎？如果源頭不靜，躁鬱不安，煩惱無限，天地萬物就不會有生的道理。沒有煩惱，空間才無限，天地萬物就生。

「天地之道浸，故陰陽勝」，「浸」是慢慢地滲透，天地之道就是如此，最後取得勝利。《易經》十二消息卦中的臨卦，就是靠浸的功夫，學問下得深，長期經營，「剛浸而長」，所以就「元亨利貞」，「教思无窮，容保民无疆」，形成自由開放、君臨天下的局面。懂得浸，長期的潛移默化，才可以塑造一個好環境。而臨卦六爻全變的遯卦，也是「小利貞，浸而長也」。我們看，在一陰姤（䷫）之後的二陰遯（䷠），在一陽復（䷗）之後的二陽臨（䷒），是不是都掌握了浸的技巧和智慧呢？慢慢地來，到最後形勢自然就形成，想要臨就臨，想要遯就遯，進退存亡都不失其正。我要撤的時候，沒有人能留住我，因為我有綿密的佈局，一步一步掌握了全局的主動權，「故陰陽勝」，想要強兵戰勝，中間就是陰陽的互動。遯卦就是陰勝陽，臨卦就是陽勝陰，當然關鍵的是本體要靜，才有「天地萬物生」的空間，創意無限，然後在做法上、策略上、行動上要懂得「天地之道浸」，不在乎你是陰、是陽，而是在陰陽互動、消息盈虛裡面掌握得勝之道。

「陰陽相推，而變化順矣」，這完全是《易傳》「剛柔相推，而生變化」的版本。陰跟陽是相推的，有時東風壓倒西風，有時西風壓倒東風，不是恆定的，所以不利的時候得忍，利的時候也別客氣，但是一定要提前，要懂得靜和浸的功夫。「陰陽相推」，而變化就順了。「是故聖人知自然之道不可違」，也就是說「道法自然」那個究竟的天則，世人絕對不能違背。謙卦第三爻「勞謙」合乎天則，真正的成功源於此，所以謙卦第四爻就要懂得「撝謙」，才能「無不利」。乾卦的「剛健中正純粹精」是究竟，「六爻發揮旁通情」就是發揮；謙卦第四爻不能違反基本原則，不能違反最高的究竟的「道法自然」的自然法則、天則，違背則非失敗不可。違背了「道法自然」的自然之道，違背了「元」，比違背了天地之道還要嚴重。所以瞭解了自然之道，就要順自然，要按照自然之道行事。「因而制之」，又是「制」，人要掌握主動，控制局面，要御天、統天。「禽之制，在氣」，掌握了最高的變化法則，就可以超前好幾步，下面要怎麼佈局都不是難事。可見，自然之道是絕對不能違背的，根據自然之道去佈局，可以充分控制局面。

（九）

至靜之道，律曆所不能契。爰有奇器，是生萬象。八卦、甲子，神機鬼藏，陰陽相勝之術，昭昭乎進乎象矣！

要知道自然之道，探測到天則，再運用天則，因勢利導，才能夠成功。可是，「至靜之道」，是最高的道，怎麼去探究可以讓天地萬物生的最高的智慧呢？那就要用種種修行的法門、智慧、方法去探究，而且不容易做到，即「律曆所不能契」。「曆」是曆法，《易經》大衍之數的占法就是從中國特有的陰陽合曆來的，那樣的模擬操作，能夠神算。自然界是沒有曆法的，曆法是人發明的，要想辦法去契合，比如有歲差，有累計誤差，有閏年閏月。大自然有其律動、節奏、法則，像音樂裡面的宮、商、角、徵、羽，就掌握了人心的律動、四季的節律。掌握了這一自然的律動，才能夠預測，才能夠百分之百精準。但是所有的曆法，延伸到占法，即所有的律，還是「所不能契」，即不能百分之百精確吻合自然之道，所以真理的真正參透，從來不是廉價的，人再怎麼樣了不起，跟純粹的自然之道永遠還有差距。大衍之數治曆明時、革故鼎新，是人發明的，為什麼最後還有一個天地之數「五十五」是沒有辦法超越的呢？還得用這個來找出天人的差距，決定一個卦宜變的爻位。可見，人再怎麼精算，用盡海量的資訊、高科技的電腦技術，最後還是千算萬算，在關鍵時候不敵老天一算。一個公司可以旺幾十、上百年，就是不知道何時會突然倒閉。所以，人要懂得謙，謙是大補，不會狂傲到認為自己已經百分之百完美。人的智慧是因為人有欲望，連聖人都有憂，哪有十全十美呢？天地是沒有這個的，一切自然而然，我們所有的探測「至靜之道」之舉，可以讓天地萬物生的天文觀測、人性人情觀測的即使達到很高的境界，還是不能百分之百吻合，「不能契」。換句話說，人類文明所產生的一些精密的、甚至可以量化的探測工具，不要太迷信，因為都不能完全契合自然之道。

天跟人永遠有差距，老子說「天道無親，常與善人」，「天地不仁」，天道只是鼓萬物，不與聖人同憂。天人必有差距，很多精密工具探測的資料，包括古今中外探測自然的奧秘、瞭解宇宙週期的運轉資料，很多東西都是近似值，並不是百分之百精確。但是天道就可以精密，像《易經》中的觀卦說「觀天之神道而四時不忒」，那是絕對的準；豫卦（䷏）是要預測，也說「不忒」，「不忒」就是零誤差。零誤差不知道有多難，因為人有欲望，所以就會打折扣。律曆是人發明的，可是跟天地之道相比還是有差距。你看，美國這種情報機構與資訊公司狼狽為奸，監控全世界，其實只要把中國的智慧讀通了，也很好反制，因為所有量化的東西必然存在弱點，有間諜就有反間，有資訊戰就有反資訊戰，甚至可以兵不厭詐，讓他忙個要死、撲個空，所有的東西都能反制，讓你白花錢，還沒有辦法解讀到真相。所以，我們真想要天人合一，掌握到自然之道，要有更高的參悟，不是量化可以解決的，要修德，要有智慧。不能像《易經》節卦探測所有的節氣制度，「天地節而四時成」，光靠「制數度」，不說百分之百，還得「議德行」，這一點是沒有辦法取代的。小數點不管精確到多少位，都不會百分之百準確，所以「至靜之道」等，不是花錢的離子加速器可以探究出來的，但是可能在高僧大德的靜坐修行中瞭解。這是一種律曆所不能契合的，千萬不要迷信律曆，想巧奪天工，永遠還差一點。

「爰有奇器」，「爰」即「於是」，「奇器」即特別神奇的解決問題的工具。中國文化重視律曆，但是那不是純粹的，還要靠人生主體的修為，即奇器。「是生萬象」，「是」，即合乎中道，合乎時中之道。是自然就生出萬象，不見得跟各種精密的探測儀器有關。

「八卦、甲子，神機鬼藏」，八卦就是《易經》之類，「甲子」就是中國古代紀時的干支系統。「神機鬼藏」，陰陽不測之謂神，超越了量化的境界，探測才可能完整圓融。「陰陽相勝之術」，陰勝陽、陽勝陰的術，「昭昭乎進乎象矣」，得意要忘象，得象要忘言，不只是文字經典，更不只是資料的層面。理氣象數，才是華夏智慧的中心，也就是《易經》。八卦、甲子，超過「律曆所不能契」，換句話說，修到最高才能契合，是百分之百吻合，零誤差。

天機經

夫聖人法地而奉一，立德而行道；
居天地道德之間，建莫大之功者，
未有不因五賊而成也。
五賊者：其一賊命，其二賊物，
其三賊時，其四賊功，其五賊神。
皇帝王霸，權變之道也。
是以聖人觀其機而應之，
度其時而用也。
故太公立霸典而滅殷朝，
行三風而理周室，
豈不隨時應機，
驅馳五賊者也？
故聖人立本於皇王之中，
應機於權霸之內，經邦治身，
五賊者備矣，則天下望風而從之，
竭其性命而無所歸其恩怨也。

總序

《天機經》為道教經典著作，作者不詳，據說是唐代人，又名《陰符天機經》，為闡發《陰符經》而作。《天機經》的作者一定是高度欣賞《陰符經》，故依經解經，讓更多的人瞭解《陰符經》。一般人讀《陰符經》覺得太精練，難以看透。如果本身體悟不夠，或者人生的經驗又不夠，可以看一下《天機經》，至少能夠瞭解它在說什麼。書名「天機」，也是因為天有殺機、天有生機，嗜欲深則天機淺、嗜欲淺則天機深，還有天機不可洩露，但是《易傳》、《陰符經》、《老子》等，卻專門在洩露天機。接下來我們先看《天機經》的總序。

（一）

敘曰：有機而無其人者，敗；有其人而無其道者，敗。故《易》曰：「即鹿无虞，惟入于林中，君子幾，不如舍，往吝。」

「敘曰」，「敘」就是「序」，作者的自序，解釋自己為什麼要花幾千字解釋這四百多字的經文。而且，作者不甘心只是做注，而是另外寫一本書專門來解釋《陰符經》，這也是很罕見的。

「有機而無其人者，敗」，人生成功太難了，失敗可是一籮筐。跟各位講，「機」到了，不懂得運用，就會擦身而過，失之交臂，後悔一輩子，所以，「機」出現了，沒有掌握的人，那就敗了。「有其人而無其道者，敗」，有些人是很接近了，但可能沒有那個資源，沒有那個實力，再不然就是智慧不夠通徹，道法還不夠正，還是敗。這就是《論語》所說的「人能弘道，非道弘人」。有時候到了那個時機，什麼都已經很明顯了，但是缺乏那樣的人，結果都是敗。甚至有了「機」，假定只有一個人知道不行，還要發展團隊，還要找到接班人，可能那個「機」真要成大事，還得一代接一代的，要有一個團隊，有了那個團隊就不能只有那個人，還得有那個道。換句話說，成事很難，光有機還不行，還要人，還要整個道。如果這些條件不具備，只有敗。

故《易》曰：「即鹿无虞，惟入于林中，君子幾，不如舍，往吝。」這是用《易經》來說明，講的是哪一卦哪一爻？屯卦（䷂）第三爻，是不是白忙一場？啥也沒有，還不如減少損失，認賠殺出。屯卦第三爻因為不專精，道不足，又想追求獵物，盲目進入原始叢林中打獵，什麼也打不到。屯卦屬於創業階段，「即鹿无虞，惟入于林中，君子幾」，「幾」就是機，當機立斷，知機可能是進，也可能是退，要不是那塊材料，還不如退、不如捨。如果不甘心，還自不量力，不是那個人，也不是那個道，還去逐鹿，結果自然追不到。「君子幾」，往前進，往後退，都要知機，這就是「知進退存亡而不失其正者，其唯聖人乎？」作者把屯卦第三爻直接抬出來了，讓我們瞭解這個「機」的進退成敗，缺少「虞」（引路人），缺少專家，缺少合理的佈局，盲目地想成功，圖僥倖，拚命去追，追得到嗎？屯卦第三爻為什麼這麼自不量力，拚死也想成功，結果搞得稀哩嘩啦、一敗塗地，還浪費了青春，浪費了生命，結果一無所有？就是因為僥倖心理在作怪。既然是絕望的，為什麼不放棄？屯卦第三爻爻變為既濟卦（䷾），太想成功了，可是就是搞不定，為什麼呢？因為「有機而無其人」、「有其人而無其道」，當然是敗。這句話對人性的弱點說得很透徹，可見只想成就，不掂量，也不修為，就想白撿，成功豈不太容易了？

（二）

故聖人觀其時而用其符，應其機而制其事，故能運生殺於掌內，成功業於天下者也。《易》曰：「君子藏器于身，待時而動。」

「故聖人觀其時而用其符」，「符」，符合、符應，人得對，機也得對，道也得對，那才是符。「觀其時」，要冷靜觀察，看時機、時勢，還要合適、適時。「應其機而制其事」，要爭取主動權，對事情定下規範，把資源掌握在手上。像美國的優勢就是在第二次世界大戰之後，規定這個，規定那個，大家都得按照這個規矩玩。「故能運生殺於掌內」，掌握天下的生殺大權於股掌之中。「成功業於天下者也」，因為懂得「觀其時」，符合這個資格，就奮起而制其事，做老大，故能「運生殺於掌內」，從而成就功業，掌握天下。可見，有資格的人，把握時機，掌握主動權，才能建功立業。不要像項羽那樣，最後落個烏江自刎的下場。他以為自己戰無不勝，可以得天命，結果偏不是。項羽的個性、團隊有致命的弱點，他雖然掌握了機會，但是他個人和團隊不行，沒有資格掌握天下的主動權。前面的陳勝、吳廣揭竿起義，也是看到了秦政敗亡這個「機」，可是資質不符，即使封自己為皇帝也沒有用，最後被起義的潮流淘汰，還是敗局。歷史上的改朝換代，先動手的大多沒成，後動手的反而壯大了力量，這就是先烈和元老的區別。利用先烈把舊的勢力剷除，最後把壯大的力量變成自己的。朱元璋開始也是投靠這個、投靠那個，最後就把這些統統靠倒了，自己成大功，這就像道家老子的智慧——「不敢為天下先」，《易經》中的大壯卦（䷡）之所以失敗，就是因為太年輕，太衝動了，結果稜角統統撞斷。

《易》曰：「君子藏器于身，待時而動。」這說的是哪一爻？解卦（䷧）的上爻，解卦從二爻到上爻就是把黃金箭藏著，最後「公用射隼于高墉之上」，孔老夫子直接在〈繫辭傳〉引用這個爻。「藏器於身」，有什麼了不起的東西，不要拿來炫耀，要藏起來。「待時而動」，時沒到的時候，就藏一輩子，永遠都不解密，千萬不要太早，也不要太晚。當然這話誰都會講，問題是什麼時候是最好的出手時機呢？這就需要平時的修為了。

(三)

是以聖人保之於靈台，以觀機變。卷之，則自勝；舒之，則勝人。察之，則無形；用之，則不極。《易》曰：「陰陽不測之謂神。」而陰符象之矣。

「是以聖人保之於靈台」，什麼叫靈台？靈台就是心的代稱。聖人要保之於心，那是充滿靈氣的平台。「以觀機變」，要沉得住氣，不要大驚小怪，藏不住任何秘密，什麼時候說出來，什麼時候做出來，要看時機。有時候就是一輩子，不到時機，秘密就要存之於心，帶到棺材裡面去都不要講。「保之於靈台，以觀機變」，這是一個人至少要有的涵養。《易經》中的坤卦〈文言傳〉就說「天地變化，草木蕃；天地閉，賢人隱」。還有第三爻「含章」，「以時發也」，「含章」就是含藏鋒芒，一旦做到，爻變就是謙卦（䷎）的「亨，有終」，天地人鬼神都來相助。第四爻「括囊」，「慎不害也」，也是韜光養晦，等待時機，爻變就是「利建侯行師」的豫卦

（䷏），可以做建功立業的準備。

「聖人保之於靈台，存之於心，以觀機變」，這一點非常重要。全世界有很多重要的東西：有的時過境遷，過了五六十年才可以解密，方便後人做歷史研究；再不然永遠不解密，到死都不會講出來。當然，不見得一定不講，而是時機不合適絕不講，還有會造成太大的傷害也不講。

「卷之」，把它藏起來，「則自勝」，自己戰勝自己的欲望。老子講「勝人者有力，自勝者強」，真正的強者能夠戰勝自己心中的欲望這一最大的敵人。「卷之，則自勝」，就像我們把一幅畫捲起來，就是不告訴你。因為我把它打開會傷人，所以我就把它帶走，收藏起來。做到這一點，是不是自己一定要有這個克制力？可見，要能夠戰勝自己，自己才是自己最大的敵人。

「舒之」，打開，「則勝人」，可以公佈了，可以出手了，就一定要戰勝。換句話說，不出手則已，出手一定贏。如果沒有發展到適當的時機，就捲之；該出手時，就舒之。在《論語》中，孔老夫子很佩服衛國的大夫蘧伯玉，他說：「君子哉蘧伯玉！邦有道，則仕；邦無道，則可卷而懷之。」也就是說，在亂世的時候，蘧伯玉懂得藏起來，「卷而懷之」，不做官，等到國家政治上軌道時，他就會出來一展抱負，他會看時機，決定要不要出山做事，卷舒自如。

「含章、括囊」就是「卷之」，這時一定要能夠戰勝自己，要甘於寂寞，有時候可能要替某些人顧全機密，要守住。一旦時機可以動了，絕對不要客氣，一出手就佔上風，徹底解決問題。解卦第二爻，默默地打造黃金箭就是「卷之」，藏在坎險的深淵，上爻就是「舒之」，「公用射隼于高墉之上，獲之无不利」。《易經．繫辭傳》說：「尺蠖之屈，以求信也；龍蛇之蟄，以存身也。精義入神，以致用也；利用安身，以崇德也。」尺蠖的彎曲，是為伸展前進；龍蛇的蟄伏，是為了保存自身。求精義到神妙的地步，是為了在生活中應用；利用各種方法安頓自己，是為了積累自己的德行。這也是「卷之」和「舒之」的運用。

「察之，則無形」，別人看你，摸不到頭腦，因為你「無形」。人不要讓別人看透，有智慧的人，完全無形無象，別人什麼也查不到。《孫子兵法》強調無形勝有形，〈虛實篇〉就說：「故形兵之極，至於無形。無形則深間不能窺，智者不能謀。因形而措勝於眾，眾不能知。人皆知我所以勝之形，而莫知吾所以制勝之形。」「無形」，則誰都沒有辦法對付你，對別人來說，你完全是謎。

「用之，則不極」，一旦出手，就要達成目的，而且不會走極端，一定是恰到好處。要做到「用之，則不極」，確實很難，因為看著好像從從容容、綽綽有餘，勝了之後，還不要讓輸的人太難堪，不要羞辱人家，要尊重我們的對手。人生有很多時候是該出手的時候就出手，出手就要贏，而且希望達到一個最好的結果，把問題解決，就像解卦的上爻，有風度，又有效率。在我不想顯露出來的時候，誰都查不出名堂來，因為我掩飾得太好，就像臥底的、滲透的、顛覆的、蹲點的，人家都沒有辦法查出來；等到發揮作用了，也不會讓整個局面不可收拾。

《易》曰：「陰陽不測之謂神。」這句話又是出自〈繫辭傳〉。「而陰符象之矣」，《陰符經》就在說明這個道理，即「陰陽不測之謂神」。《陰符經》教我們的就是這種智慧，就像在盜、在賊的時候，你就是看不出來。

（四）

故聖人不測之符，陶均天下，而無所歸怨矣。夫天為地主，道為德君。故聖人奉地而法天，立德而行道。舉天道而為經首，明地以奉之。《易》曰：「乃順承天，待時而動。」

「故聖人不測之符，陶均天下」，聖人把天下萬事萬物複雜的人際關係、國際形勢，隨心所欲地捏成一個一個的陶藝品，結果大家還很滿意，因為分配均衡，有美感，沒有畸形，不會使大小輕重失去平衡。聖人是怎麼做到的呢？不知道，人們看不出，參不透，「聖人不測之符」就像潛移默化，平衡天下。「而無所歸怨矣」，聖人對眾生、對社會，對國際有這樣一個正面的功能，人們還不知道是他做的，然後還很少有抱怨的。這就是老子所說的「功成不居」，聖人真的辦到了。當然，完全沒有抱怨不可能，就算有一些，怨也很少，即使有什麼怨，都不知道該跟誰怨了，那要挑剔誰呢？因為誰做到的，人們都不知道。

「夫天為地主，道為德君」，乾天坤地，先有道，再有德，道為德君。這個不難理解。「故聖人奉地而法天」，天、地、人三才都在其中，人法地，地法天，天法道，道法自然，這個沒有疑問。「立德而行道」，德是具體可見的事業行為，道是看不見的，我們人行的德，一定是實踐大自然的天道。「舉天道而為經首」，《陰符經》一開始就談天道，「觀天之道，執天之行，盡矣」，所以說《陰符經》以天道為經的開頭，然後「明地以奉之」，在大地上實踐出來。

《易》曰：「乃順承天，待時而動。」這裡講的是坤卦，雖然坤卦中沒有「待時而動」的話，只說「至哉坤元，萬物資生，乃順承天」，「待時而動」是〈繫辭傳〉中孔子論述解卦的話。「順承天」，並不是一直不動手、含羞忍辱，而是待時而動。

（五）

是故聖人將欲施為，必先觀天道之盈虛，後執而行之；舉事應機，則無遺策。《易》曰：「後天而奉天時。」

「是故聖人將欲施為」，所以聖人、君子將有所作為、有所措施的時候，不能盲目，「必先觀天道之盈虛」，要看看大環境，是滿的還是缺的。《易經．豐卦．彖傳》說：「天地盈虛，與時消息，而況於人乎？況於鬼神乎？」如果天道不配合，你可以運作嗎？「先觀」，這是絕不能少的動作，要「觀天之道」，才可以「執天之行」，即「後執而行之」，然後付諸執行。

「舉事應機」，舉大事能夠剛好呼應到時機的變化，抓住那一剎那，「則無遺策」，那就絕對不會漏算。舉事能夠應機，就會算無遺策，百發百中，絕對精確，不會遺漏掉任何一個細節。舉事如果不應機，就必有遺策，一定算錯。

《易》曰：「後天而奉天時。」這一句話出自乾卦的〈文言傳〉，前面還有「先天而天弗為」，這是大人境界，比聖人還高。

你看，整部《天機經》就是想辦法、賣力解釋《陰符經》，跟《道德經》、《易經》的關係非常深。當然，我們知道《天機經》絕對在《老子》之後，它解釋《陰符經》，直接引用《易傳》。這是《天機經》的序，不難，體會之後要能運用，雖然運用到大事的機會不多，至少運用到小事，可以得心應手。人生沒有什麼過不去的坎，不能動的時候就不要動，在不能動的時候你一定要動，就是找死，就是自尋煩惱，該動的時候時機難得，就不要浪費了。真懂了，就至少立於不敗之地，進可攻，退可守，絕對不遺漏任何機會。如果機會沒來，不強求；機會來了，絕對不能讓它過去。所以，我們要集中心力去注意時機的來臨。

昌：天有五賊，見之者昌

（一）

夫聖人法地而奉一，立德而行道；居天地道德之間，建莫大之功者，未有不因五賊而成也。五賊者：其一賊命，其二賊物，其三賊時，其四賊功，其五賊神。

《天機經》是一個字一個字解釋的，你就知道作者是多麼地篤信《陰符經》。第一個字就是「昌」。這一部分是就「天有五賊，見之者昌」進行的發揮。「昌」是從哪裡來的呢？人人都希望繁榮昌盛，《易經》的祖師爺之一周文王就叫姬昌，他就打下了「昌」的基礎，然後就交給他兒子武王姬發（「以時發之」），姬發成功之後沒幾年就死了，就交給周公姬旦。經過「昌」先打下雄厚的基礎，然後選一個「時」就把紂王給收了，接下來就是佈局，要「建萬國親諸侯」，要如日東升（取周公「旦」之意）。「聖人法地而奉一，立德而行道。居天地道德之間，建莫大之功者，未有不因五賊而成也。」這是在解釋《陰符經》「天有五賊，見之者昌」這句話，理解起來不難。「法地」，人法地，地法天，「聖人法地」，聖人從大地學習，然後「奉一」、「道生一」的一。「立德而行道」，《易經》坤卦就講德，「厚德載物」；乾卦就講道，「乾道變化」，德落實了，就接上了地氣。人生要立德，就要重視實踐；德立了，看不見的道自然就行了。也就是說，人的自強不息，是在厚德載物中落實的。「居天地道德之間，建莫大之功者」，處在天道地德之間，人都想建功立業，「未有不因五賊而成」，沒有一個例外，都是掌握五賊才成就的。

除了《天機經》之外，一般解釋「五賊」是用五行生剋，然後推理「火生於木，禍發必克」這些話。可是《天機經》不一樣，不知道這個傳承是從哪裡來的，當然不可能是《陰符經》的作者告訴他的，他們之間絕對隔了不少時代。作者的「五賊」說法就擺脫了陰陽五行金木水火土的生剋：「五賊者：其一賊命，其二賊物，其三賊時，其四賊功，其五賊神。」什麼叫「五賊」？「其一賊命」，天命的命。人革天命，不信邪，我們要打擊對手、削弱對方，就要「賊命」，使對方的命改變，自己的命要旺，對方的命要削。「賊命」的手法之巧，就在乎一心的妙用。運用之妙，存乎於心，沒有不受命的影響。

「其二賊物」，萬物這些資源、人事物都得留心，命叫你重視大環境，物則須一個一個研究透徹，也就是用「賊」的錯綜複雜的互動，全方位深刻瞭解。

「其三賊時」，時的重要性不用多講，時機、時勢，「賊時」最重要。

「其四賊功」，「功」為建功立業。

「其五賊神」，運用到最高境界，達到「陰陽不測之謂神」的地步。

命、物、時、功、神，就是作者所理解的「天有五賊」，我們真不知道他是從哪裡聽來的，這個理解的境界也非常高。一般的注釋是把「五賊」解釋成五行生剋，光五行生剋，道理就無窮。換句話說，這些東西不是不能夠巧妙運用的，命可以不順從，還可以革命、改命。物怎麼樣？人能夠役物。時也可以善加運用。「功」可以造就。「神」可到陰陽不測之境界。

（二）

皇帝王霸，權變之道也。是以聖人觀其機而應之，度其時而用也。故太公立霸典而滅殷朝，行三風而理周室，豈不隨時應機，驅馳五賊者也？故聖人立本於皇王之中，應機於權霸之內，經邦治身，五賊者備矣，則天下望風而從之，竭其性命而無所歸其恩怨也。

「皇帝王霸，權變之道也」，帝皇事業，是權變靈活機動到極點之道。「是以聖人觀其機而應之」，聖人要用觀的功夫，把握機的降臨，馬上採取恰當的回應。怎麼「應」呢？「度其時而用也」，看看到了什麼時候，忖度很準。不要把「時」看得太小，日日是好日，修為夠了，哪一天都是好日子，都是好天。「故太公立霸典而滅殷朝」，太公即姜子牙，伐紂的第一功臣。立下霸業的典章制度，把商紂給滅了。「行三風而理周室」，打江山，坐江山，調和鼎鼐，都弄得很好，上行下效，「豈不隨時應機」，哪有固定一成不變的呢？要知道，每一個剎那都在變化，「驅馳五賊者也」。姜太公怎麼成的？那麼老還能成大業！武王伐紂時，占卜師卜出不吉的結果，但是姜子牙力排眾議，焚龜折蓍，認為枯草朽骨不足以當大事，當機立斷行軍，結果滅了殷朝。大家都知道，革命，「時」很重要。《易經》革卦（䷰）就說「革之時大矣哉」，要己日才革，但是「大人虎變，未占有孚」。大人的境界不受這個約束，一旦大人發動革命，聲勢浩大，不用占卜，靠信心就可以了。益卦（䷩）的第五爻「勿問元吉」也是如此。這就是境界夠了，根本不拘泥於五賊的限制，金、木、水、火、土的生生剋剋也好，命、物、時、功、神也好，都可以由人來駕馭，人佔絕對主動地位。這就是姜子牙的成就：他不信邪，「太公立霸典而滅殷朝，行三風而理周室」是誰都不能否定的成就。他不是被五賊驅馳，而是御天，就這麼辦到了。

「故聖人立本於皇王之中，應機於權霸之內」，看到姜太公的這種成就，你就不要那麼迷信了，前面講的金木水火土、命物時功神，都是人可以運用的，操之在我。聖人要立大本、生命的根本，「於皇王之中」，「皇王」即王道，是古代最高的理想，但是不見得能夠實現。所以一定要有鬥爭的智慧，稱霸才能稱王。如果只是霸道，不管是倭寇的武士刀，還是「聖戰」的圓月彎刀，都不會長久。沒有實力不能稱王道，王道是大本，可是社會上的人心墮落，恍如身處叢林法則，所以要「應機於權霸之內」，這一套得完全懂，就像佛能夠降魔，就得懂魔。「立本」是恒卦（䷟）天長地久的概念，「君子以立不易方」，雷風怎麼動都不改變。「應機」是益卦的概念，「見善則遷，有過則改」，「與時偕行」。恒卦與益卦相錯又相交，一個是體，一個是用。恒是立大本，益是靈活應變，由體啟用。

如果光是「立本於皇王之中」，可能像孟子，一輩子空話無成；如果光是「應機於權霸之內」，不懂得有皇王之道，最高也只達到管仲的水準。孔子說「管仲之器小哉」，管仲輔佐齊桓公稱霸後，就貪圖個人享受，不再更上一層——稱霸還要稱王。當然，沒有稱霸的實力，不能稱王。我們講的所謂的外王學，裡面就摻雜霸道那種鬥爭的智慧。這就是聖人，他看得非常透。

「經邦治身」，「經邦」即治國安邦，「治身」即養身，邦國和人身，管理得特別好。「五賊者備矣」，可以領導統御五賊了。「則天下望風而從之」，打都不用打，天下望風而來，歸順這個聖人。「竭其性命而無所歸其恩怨也」，竭盡全力，即使犧牲性命也不顧，不會為那些小恩小怨而計較，因為他覺得自己有一個值得奮鬥的目標，可以全身心投入，竭其性，竭其命，不會去計較那些恩怨情仇。

（三）

乃謂之曰：「有道之盜，無形之兵。」嗚呼！寇莫大焉。五賊在心，擒縱在手，治身佐世，莫尚於斯。經云：「見之者昌。」不亦宜乎？

「乃謂之曰：『有道之盜，無形之兵』」，盜亦有道，想要成為什麼，都要有專長、方法。「有道之盜」是「無形之兵」，盜不止是中性的，甚至有一點正面的意思。「無形之兵」，這種絕高的智慧，比有形之兵要厲害得多。「嗚呼！寇莫大焉」，哎呀，寇真是了不起。注意，寇不是盜。「五賊在心，擒縱在手」，「擒」，抓住；「縱」，放掉。掌握了五賊，真的是收發自如，完全操縱在我手。「治身佐世，莫尚於斯」，無論是養個人之身，還是幫別人忙，沒有比這個更值得嚮往的。「經云：『見之者昌。』不亦宜乎？」結尾就知道這一段講的就是「天有五賊，見之者昌」。也就是說，任何人做事業都希望繁榮昌盛，做得很紅火，而且不會盛極轉衰，最好能夠一直昌盛下去，那就要瞭解五賊裡面那種錯綜複雜的互動，要能夠駕馭自如。

身：萬化生乎身

夫人心，身之主，魂之宮，魄之府。將欲施行五賊者，莫尚乎心，事有所圖，必合天道。此則宇宙雖廣，覽之，只在於掌中；萬物雖多，生殺不離於術內。則明天地不足貴以遠以厚，而況耳目之前乎？

第二個就談「身」，人體這一小宇宙。《黃帝內經》就從我們的「身」開始做起，我們任何修行，都要像「艮其背，不獲其身」（《易經．艮卦》），以及「吾所以有大患者，為吾有身，及吾無身，吾有何患」（《老子．第十三章》）一樣。《陰符經》稱「宇宙在乎手，萬化生乎身」，把肉身提到了指點江山的高度。《大學》也說「修身」，是有名的八條目（格物、致知、誠意、正心、修身、齊家、治國、平天下）之一。「身」很重要，是人體的小宇宙，可以通天地這個大宇宙，道家養身

（生）通治國，像庖丁解牛，就不只是殺牛而已，可以用來治國。

這一段主要解釋「萬化生乎身」。人身難得，人的身體奧妙之極。「身」的資訊，絕對不比外面的大宇宙少。「夫人心，身之主」，身的主宰是心，這個說法絕無疑問。「魂之宮，魄之府」，三魂七魄，人的體魄很強，而魂是輕輕上升的，剛好反向。而心貫穿魂魄，它是人的身之主，是魂之宮，是魄之府。心是控管一切的。《陰符經》講「天性，人也；人心，機也」，五賊也是在心，「施行於天」。這是心與身的聯繫，心培養好了，可以安魂定魄。當然，這也是養生的常識，比較容易理解。心要是不痛快，就會像欲火焚心一樣，那就麻煩了。《易經》中的咸卦（䷞）談身（咸其拇、咸其腓、咸其股、咸其脢、咸其輔頰舌），也談「憧憧往來」的心，身心一定是連帶談的。

「將欲施行五賊者」，我們一般的講法，認為五賊是陰陽生剋的金、木、水、火、土。《尚書．洪範》首次提出了五行的觀念，沒有後來人講得那麼瑣碎。按照《天機經》的作者所言，他認為五賊是「命、物、時、功、神」，瞭解了五賊，事業就可以昌盛。想要施行五賊，才能施行於天，所以學了、體悟了就要用，即「莫尚乎心」，沒有比心更重要的。

「事有所圖，必合天道」，要想做成一件事，千萬不要逆天而行，要合乎天道，否則絕對失敗。《易經》中提到的那些「大人」、特別了不起的人，就是「先天而天弗違，後天而奉天時」，沒有偏離天道。如果是頤卦（䷚）第三爻所說的「十年勿用，道大悖也」，違背養生的大原則，那下場就很慘。道如果是鼎卦（䷱）初爻所說的「鼎顛趾，未悖也」，就不怕鍋子被打翻，因為一定要把舊的東西清除掉。所以，一定要合天道，不管從《易經》的乾卦一路講下來，還是儒、道諸家，都告訴我們，順天者就昌，逆天者就亡，沒有任何僥倖。人都想做事，就要拿天道來檢驗，不要偏離道太遠。復卦（䷗）初爻「不遠復，无祇悔，元吉」，離道不遠，不偏離，不會後悔，就元吉。上爻「迷復」，徹底偏離，就完蛋了。三爻「頻復」，就有變成黑暗之心的危險。第四爻「中行獨復」，守住了正道。第五爻「敦復」，功力就深厚了。人生的道，就這麼簡單。「事有所圖，必合天道」，道理就在這裡。

「此則宇宙雖廣，覽之，只在於掌中」，這句話很有氣勢，有指點江山、俯瞰一切的味道。宇宙雖然廣大，但我們居高臨下、高瞻遠矚，不但看得廣，還看得透，這就是「宇宙在乎手」。我們的手裡面就是一個小宇宙，每一個資訊都在裡頭。「只在於掌中」，掌握起來易如反掌。

「萬物雖多，生殺不離於術內」，萬物雖然多，但不外乎生、殺二機，天發殺機也好，地發殺機也好，人、事、物再多，生、殺不會離開如來佛的手掌心，都在掌控中。「則明天地不足貴以遠以厚，而況耳目之前乎」，一旦具備這樣的智慧，再怎麼天高地遠，再怎麼天高地厚，你完全能夠由近及遠，全部理解透。《易經．繫辭上傳》稱「夫《易》廣矣大矣，以言乎遠則不御，以言乎邇則靜而正，以言乎天地之間則備矣」。最近的就是你的心，用心去量宇宙萬物，再遠的天地都擋不住，都可以準確瞭解、管理。當然，你的心要夠靜，才能夠正心。心不靜，這些都不可能實現。

機：人心，機也

夫殺機者，兩朝終始之萌，萬人生死之兆。處雲雷未泰之日，玄黃流血之時，故天之為變也，則龍出於田，蛇游乎路，此為交戰之機，故曰「龍蛇起陸」。人之為變也，則春行秋令，賞逆罰忠，此為顛墮之機，故曰「天地反覆」。天人之機同時而發，雖千變萬化，成敗之機定矣。

《陰符經》稱：「人心，機也」，「天發殺機，移星易宿；地發殺機，龍蛇起陸；人發殺機，天地反覆；天人合發，萬化定基。」這一段就是解釋「機」。

「夫殺機者，兩朝終始之萌，萬人生死之兆」，所謂的殺機，就好像歷代改朝換代革命的時候，刀兵大動，到處都是殺機，那時候就很明顯地顯現「人發殺機，天地反覆」，人間發生翻天覆地的變化。誰贏了，得江山；誰輸了，失江山。但是中間最苦的是誰？還是千千萬萬的老百姓。美國在中東鬥來鬥去，最苦難的是中東的老百姓，人民朝不保夕，命如草芥。元朝文人張養浩在〈山坡羊．潼關懷古〉中說，一個朝代的興起和滅亡，就是「興，百姓苦；亡，百姓苦」。這是對歷史深刻的反省，張養浩以深邃的歷史眼光揭示出一條顛撲不破的真理，即不管王朝如何更迭，在他們爭城奪地的戰爭中蒙受災難的，還是那些無辜的老百姓。政權的興建是無數老百姓的白骨壘起來的，政權的倒塌也有無數老百姓的白骨做了它的殉葬品。不管造反者如何宣傳，只要是改朝換代的革命，殺機一顯，倒楣的就是老百姓。「萬人生死之兆」，這一人世間的深刻警醒，推翻了王權的正義性。商朝末年的武王伐紂，很多人都說了不起，但是血流漂杵，戰場上的血連杵那麼重的東西都漂起來了，那還叫王者之師嗎？很多極端宗教分子都說自己是聖戰，但是為什麼死那麼多人？「血流漂杵」，「龍戰于野，其血玄黃」，就揭穿了這些政治謊言。

「處雲雷未泰之日」，「雲雷」就是《易經》中的屯卦（䷂），「雲雷，屯。君子以經綸」，屯卦就是開創的時代，「動乎險中，大亨貞」，要冒險犯難的時候，一切東西剛剛開始，資源普遍不足，當然距離國泰民安、世界太平還早。就《易經》來說，泰卦（䷊）是第十一卦，而屯卦是第三卦，離得遠呢，是不是「處雲雷未泰之日」？「玄黃流血之時」，「玄黃流血」不就是坤卦的上爻「龍戰于野，其血玄黃」嗎？對於廣土眾民來說，擺在眼前的就是這麼一個現實的形勢，既是雲雷之動，沒有太平，又是流血爭鬥的時候，真的是太可怕了。「故天為之變也」，你看，在這個時候天象都出現了，正如《陰符經》所云「天發殺機，移星易宿」。下面就講「地發殺機」了：「龍出於田，蛇游乎路。」「天為之變也」，天候反常了，老天鬼哭神嚎；「則龍出於田」，龍不再待在地底下不出來，一旦出來，當然志不在小，就如《易經》乾卦第二爻「見龍在田，利見大人」。「蛇游乎陸」，蛇不再冬眠，而是出洞，要競爭、搏鬥了，這就是《陰符經》所說的「地發殺機，龍蛇起陸」。「此為交戰之機，故曰『龍蛇起陸』」。「龍蛇起陸」這個時候就是陰陽大戰的時候，就像坤卦上爻「陰疑于陽，必戰」一樣。

「人之為變也，則春行秋令，賞逆罰忠，此為顛墮之機，故曰『天地反覆』」，人間一旦出現變化，就會有諸如氣候反常的現象，「春行秋令」就是如此。在春天生機盎然的季節出現秋天的肅殺飄零，應該是秋天才有的景觀，怎麼春天就出現了？這一定是人間產生了不好的現象。春是生，秋是殺，在古代，死刑犯在春天是不能殺的，一定要到秋天，這就是「秋決」，因為處暑的第六天開始，天地肅殺之氣漸起。所以，古人常在這一時節處決犯人，也就是順天地肅殺之氣，藉此告誡人們秋天之時不可驕盈，要謹言慎行，反省收斂。春天是生的時候，殺人就是逆天，春天居然殺人，豈不是「春行秋令」，生殺顛倒？「賞逆罰忠」，更加離譜了，天天做壞事的反而得到獎賞，忠心耿耿、真誠待人的反而受到處罰。「此為顛墮之機」，真的是顛倒、墮落，不講道理，完全是末世反常的象。「故曰『天地反覆』」，這就是「人發殺機，天地反覆」。

「天人之機同時而發」，就像共鳴共振一樣，很可怕，幅度之廣，破壞力之強，不再是單純的天的殺機、地的殺機、人的殺機，而是天地人的殺機同時爆發，把世界整個翻了一遍。「天人合發」，就「萬化定基」，舊的社會徹底過去了，回不來了，新的社會慢慢又形成了。「雖千變萬化，成敗之機定矣」，不管怎麼變，要看得懂成敗之機，已經過去的，永遠不會再回來，就讓它過去，面對新的形勢，要好好地籌劃、定基。

藏：性有巧拙，可以伏藏

夫仁者必有勇，勇者不必有仁，智者能愚，愚者不必能智。故聖人時通，則見其巧而建其功；時否，則見其拙而昧其跡。故孔明序曰：「太公八十，非不遇也，蓋審其主焉。」嗚呼！性命巧拙之時，識達行藏之勢，可以觀變察機，運用五賊。所以然者，夫聖人所以深衷遠照，動不失機，觀天料人，應時而作。故《易》曰：「知進退存亡而不失其正者，其惟聖人乎！」

《陰符經》說「性有巧拙，可以伏藏」，《天機經》這一段就講「藏」。人要懂得藏，動物要懂得冬眠，尤其在亂世的時候，韜晦內斂最重要，不懂得藏，一下就被摧毀。所以要縮小被打擊面，就得藏，一定要有「潛龍勿用、遯世无悶」的修為。

「夫仁者必有勇」，這句話意思很明白，仁者的勇氣是自然而然就存在的，仁的境界絕對高於勇，仁包含了勇，但是「勇者不必有仁」，勇敢的人不一定有仁。仁是總的德行，有大勇，而勇者不一定有仁，這一點不用懷疑。這裡的「不必」是不一定有，而不是「不必要」。《禮記．禮運大同》稱「貨惡其棄於地也，不必藏於己；力惡其不出於身也，不必為己」，這裡的「不必」就是不要每一次都一定的意思，有多餘的錢財，不一定要藏於己身，行有餘力，可以幫助別人，不要每次都為自己。而不是說，不管自己有沒有，一定要出錢出力，那樣的話就是違反人性。可見，「不必」，不是說「不必須」，而是說「不一定」，需要的時候可以出錢出力。

「智者能愚」，大智慧的人懂得大智若愚，懂得環境危險時韜光養晦。「愚者不必能智」，笨的就永遠笨，永遠也聰明不了，不一定懂得運用智慧。《論語》中，孔子說「唯上智與下愚不移」，有上等智慧的人，根本也不需要什麼來改變，他的心意很堅定，該怎麼做就怎麼做，而最笨的人也是永遠沒有辦法改變，但這種不改變就是不懂得該怎麼做，就如佛家所說的業障太深，不可救藥。有智慧的人，懂得環境不利的時候，還能夠大智若愚，謀求自保；可是愚的沒有提升到智的境界，就無法順應糟糕的環境和時代。我們都懂得，老虎撲殺動物的時候，是很低調的；老鷹撲殺地上的獵物時，也是很低調的。低調就是在為下輪的進攻做制勝一搏。姜太公《六韜》云「聖者將動，必有愚色」，聖人在要進攻的時候，先表現出來的是笨笨的樣子，其實是在麻痺敵人，然後出其不意，攻其不備，一擊得手。

孔子評價衛國大夫甯武子時就說他「其智可及也，其愚不可及也」（《論語・公冶長篇》），他的聰明我們都可以學得到，但是他裝笨的本事，少有人能及。有一些人有智慧，就不願意裝笨，結果死翹翹。很多人以為這個人愚不可及，其實不然，他那個裝笨的功夫，你永遠比不上，因為一般人不願意裝笨。這才是「愚不可及」的本意。

什麼時候潛伏？什麼時候面世？什麼時候反省？什麼時候飛躍？什麼時候登基？什麼時候引退？聖人都是伸縮自如、能屈能伸。「故聖人時通，則見其巧而建其功」，「見」同「現」，聖人掌握了時，在時機亨通的時候，就可以儘量表現、展現自己的才能，而建功立業。「時否，則見其拙而昧其跡」，在時機不是很好的時候，就懂得避難，表現自己拙的那一面，把自己所有的行動跡象統統擦掉。人家完全看不懂，就像「明道若昧」（《老子・四十一章》）一樣，別人無法猜透你的動機。

在二十一世紀的今天，種種的資訊科技，讓人無所逃於天地之間。像美國的竊聽，從太空開始到海底電纜，人們根本就沒有任何秘密可言，這種資訊戰可以說是巨細靡遺，你的一舉一動，完全清清楚楚。換句話說，以前那種大規模集結兵力已經完全不可行了，所謂的集中兵力，導致的是集中毀滅，大規模部隊要移動的時候，根本就不可能藏起來。所以，這個世界除了人心沒有辦法探測之外，其他所有外在東西的任何風吹草動，都可以看得一清二楚。在這個時候，如果要求知彼知己，就要儘量想辦法在未來的戰爭中，讓人家完全沒有辦法探測到自己的秘密，完全要學隱形的技巧，也就是《陰符經》所說的「伏藏」，不留任何一點跡象在外面。要讓自己隱藏，還要想辦法讓對方無處可遁，以便自己採取反制措施。這種隱藏的技巧很重要，不然在當今世界你根本沒有任何秘密可言，更不要講軍事機密、商業機密了。《孫子兵法》的用間之巧，就是無形勝有形，只要你有形，就可能瞬間被徹底擊潰。在我們這個世界，隱藏的技巧比什麼都重要。隱藏，就要耐得住寂寞，尤其一些公眾人物，既要與時俱進，又要學會隱藏的技巧。《孫子兵法．虛實篇》稱「形兵之極，至於無形；無形，則深間不能窺，智者不能謀」。孫子的智慧穿透千古，為了切身的利害，就要懂得藏。就像李敖要是不談《易經》，沒有人知道他不懂《易經》，所以要懂得藏拙。《春秋繁露》說「藏其形而見其光」，有實際的影響就好，為什麼一定要露呢？真人是不露相的，「假人」才半瓶水到處晃悠。「時通」的時候就「見其巧而建其功」，大展所長；「時否」的時候「見其拙而昧其機」，裝笨，任何東西都要藏掉，不留任何線索，別人根本看不出來。

「故孔明序曰：『太公八十，非不遇也，蓋審其主焉。』」據說諸葛孔明也給《陰符經》寫序，這可能是《天機經》的作者給自己撐門面。諸葛孔明算是有名的人物了，其實他是失敗者，不是成功者。「太公八十」，姜子牙大器晚成，「非不遇也，蓋審其主焉」，姜太公文韜武略，怎麼到了那麼老才遇到文王呢？因為沒有遇到知音，不能遷就那些笨老闆，不能退而求其次。沒碰到真主，沒碰到好同志，就像禪宗五祖弘忍主持了一輩子道場，最後才找到衣缽傳人惠能，要是神秀的話，就要「生銹」了。沒有辦法，這就是人生的遇，很多人懷才不遇，沒碰到好時代。姜子牙在闖蕩天下的時候，不也跑到殷朝的朝歌城等待時機嗎？還有，也不是說他沒有遇的機會，而是審慎考量誰才值得輔佐。最後兩個都七老八十的人在渭水邊就遇到了，兵法的祖師爺跟《易經》重要的作者一見面，千載難逢的機遇就激起了火花，然後就有武王伐紂。韓信如果幫項羽，劉邦就沒了，但是韓信幫劉邦，結果項羽跟韓信都沒了。劉邦如果挺戚夫人，呂后就沒了，所以呂后一緊張，就把張良、商山四皓請出來，結果劉邦沒辦法，戚夫人就變成「人彘」。這就是中國所有的鬥爭場合所揭示的「不成功便成仁」。成者為王敗者賊，要死就死得很慘。所以要「審其主」，諸葛亮最後挑了一個劉備，就是如此。

「嗚呼！性命巧拙之時，識達行藏之勢，可以觀變察機，運用五賊」。性命巧拙之時，有時候要行動，有時候要藏起來，形勢比人強，要看看環境和機遇，可以觀察變化之機，運用五賊——「金木水火土」或者「命物時功神」，決定時止則止、時行則行，不能隨便。

「所以然者，夫聖人所以深衷遠照，動不失機，觀天料人，應時而作。」所以這樣的道理明白了，「聖人所以深衷遠照」，可以高瞻遠矚，像離卦（☲）的「大人以繼明照于四方」一樣，可以照亮天下，看得遠。「動不失機，觀天料人，應時而作」，行動時不失時機，觀察天道就可以得知人的行為，隨著時機的變化而發動攻勢。

「故《易》曰：『知進退存亡而不失其正者，其惟聖人乎！』」《易經》中的這一句話是從哪裡來的？乾卦的〈文言傳〉，針對的是「亢龍有悔」這一爻。亢龍就是知進而不知退，知存而不知亡，知得而不知喪。「知進退存亡而不失其正者」，只有聖人。這句話把人生的成敗說透了，聖人修為以下的，統統都不可能辦到。

靜：耳目口，可以動靜

夫九竅者，在天為九星，在地為九州，在人為九竅。九竅之炁不正，故曰受邪。受邪則識用偏，識用偏則不可發機觀變，故九竅之急在乎三要。太公曰：「耳目口也。」夫耳目口者，心之佐助也，神之門戶也，智之樞機也，人之禍福也。故耳無聰，不能別其音；目無明，不能見其機；口無度，不能施其令。夫三要不精，上不能治國，下不能治家，況兵者乎？懸人之性命，為國之存亡，靜動之間，不得無事，豈可輕而用之？

這一段是針對《陰符經》「九竅之邪，在乎三要，可以動靜」來說的，重點在「靜」，在道家來說，「靜」是第一功夫。

「夫九竅者，在天為九星，在地為九州，在人為九竅」，這一句話又體現了天人合一，人要呼應自然之道，天、地、人是相應的。天也有九竅，就是九星，在地是九州，從大禹的時候起，中國就有九州的說法。在人就是九竅。這是具體說明，在天地人來說，九竅為何。

「九竅之炁不正，故曰受邪」，「炁」即氣，精氣神的氣。九竅當然是通氣的，有出入，如果不正，看什麼東西都會出問題，就會受邪。只有出入都沒有毛病，很流暢，才有生生不息的機。九竅之氣要正，如果不正，在人身來說就如同感冒；如碰到小人、嫁錯人、找錯合夥人，都是受邪。

受邪就糟糕了，「受邪則識用偏，識用偏則不可發機觀變，故九竅之急在乎三要。太公曰：『耳目口也。』」受邪的話，人的見識會偏，偏就是不正，一偏就不全，容易以偏概全，就不可能「宇宙在乎手，萬化生乎身」，掌握天地人的變化，就不可能「中正以觀天下」。受了邪氣，見識就有偏執，一旦偏執，「則不可發機觀變」，時機和變化都不可能發覺、觀察到。「故九竅之急在乎三要」，可見，對機變察覺最快的還是九竅中的三要。如果講話一不留神，禍從口出，悔之晚矣。還有非禮勿視，看到了不該看的，也是禍。人之精神，在兩目，那是靈魂之窗，所以不要看錯。耳朵也是一樣，要學會辨別聽到的，還有要忘記不該聽的。這就是姜子牙所強調的「耳目口」。

「夫耳目口者，心之佐助也，神之門戶也，智之樞機也，人之禍福也。」耳目口，是人心的輔助、精神的門戶、智慧的樞紐，關係人的禍福。這句話意思很明瞭，不難理解。《易經》中的坎卦（䷜）第四爻「樽酒簋貳用缶，納約自牖，終无咎」，周文王被關在牢裡，他要瞭解外面的世界，最重要的關口就是耳目口，幫助他判斷、吸收資訊。被關在一個不見天日的地方，還是要開一個小窗——「牖」，不然與外界脫離，就完蛋了，只要「納約自牖」，就有脫險的機會。〈繫辭傳〉說「樞機之發，榮辱之主也」。還有，人的禍福都是自己招來的，所以，要自求多福，不要自作孽。

「故耳無聰，不能別其音」，聽覺不靈敏，不能辨別音。音不等同於聲，比聲要細緻得多，更趨向於本質，是聲裡面更細微的部分。老子說「五音令人耳聾」，講的是音樂的五種旋律，沒有講「五聲令人耳聾」。要耳聰才能辨別音。「目無明，不能見其機」，目光不敏銳，不能發現時機的變化。「口無度，不能施其令」，亂講話的人沒有辦法發號施令，發出來的號令誰也不服。「君不密則失臣，臣不密則失身」（《易經．繫辭傳》），話不能亂講，要謹言慎行。

「夫三要不精，上不能治國，下不能治家，況兵者乎？」這三個關鍵管制不好，上不能治理國家，下不能治理家庭，齊家治國都不行了，何況行軍打仗呢？要知道，「兵者，國之大事，死生之地，存亡之道」（《孫子兵法．始計篇》），更要審慎了。可見，「三要」的控管，做好情緒管理，是基本功。「懸人之性命，為國之存亡，靜動之間，不得無事，豈可輕而用之？」「三要」關乎人的生命和國家的生死存亡，在一靜一動之間，都不能出紕漏，怎麼能夠不慎重呢？可見，因為牽扯太廣，明君良將絕對不可以隨便生氣、隨便動兵，所以一定要有修為，做好感官的控制。

人：知之修煉，謂之聖人

夫火生於木，火發而木焚；國生於奸，奸生則國亂。亦猶蠶能作繭，繭成則殺其身；人能生事，事煩則害其命。非至聖不能修身煉行，防之於未萌，治之於未亂。夫十圍之木，起於拱把；百仞之台，起於足下。治小惡不懼，必成大禍。嗚呼！木不相摩，火無由出；國無亂政，奸無由生。有始有終，是非不動，能知之，其惟聖人乎！

這一段是針對《陰符經》「知之修煉，謂之聖人」而言，重點在人，因為「火生於木，禍發必克；奸生於國，時動必潰」，影響很大，所以人還得好好修煉，積極面對，不修煉的話，世界還是這麼糟。人的智慧只有修煉一途，好好練，百煉千磨，磨出一點本領，才可以造就出來。換句話說，就要靜得下心，要坐得住金鑾殿，怎能隨便出手，那麼禁不起誘惑呢？耳目口，亂聽亂看亂說不行，人不修不行。

「夫火生於木，火發而木焚；國生於奸，奸生則國亂」。木是要生火的，火來反噬，把所有的木材都燒光了，什麼都不留下來。國家一旦生於奸，奸生就會導致國亂，這就是姑息養奸所釀成的惡果。《易經》師卦（☷☵）上爻為什麼說一場大戰打完之後，要「小人勿用」？就是因為用了小人，就養奸了，等到小人坐大時就會滅國。

「亦猶蠶能作繭，繭成則殺其身；人能生事，事煩則害其命。」蠶把繭做成之後，反而作繭自縛，蠶就死了。李商隱詩云「春蠶到死絲方盡」，天地之間很多的生態現象，是很有趣的。「人能生事」，人一天到晚無事生非，找那麼多事，事情繁多，反而勞累死。像那些工作狂有時就是自己找死，完全是自尋煩惱。

「非至聖不能修身煉行，防之於未萌，治之於未亂。」人的修身煉行，要成聖成神，要從萌芽狀態開始防治，要整治於未亂之時。人要及早開始鍛煉，不要到了七老八十了，才來修身煉行，這個時候人的身體都快掏空了，還有什麼用呢？

「夫十圍之木，起於拱把；百仞之台，起於足下。」十個人才可以合抱的大樹，出於小樹枝。百仞高台，基礎起於足下。這完全是老子「合抱之木，生於毫末；九層之台，起於累土；千里之行，始於足下」的翻版，屬於道家的系統。任何大的東西，都是從很小的東西來的，就像巨木，也是從幼苗開始長大的。「治小惡不懼，必成大禍」，這和《易經》坤卦初爻「履霜，堅冰至」如出一轍，認為小惡不成問題，必定會釀成大禍，「積不善之家，必有餘殃」。

「嗚呼！木不相摩，火無由出；國無亂政，奸無由生。」又嗚呼了，如果沒有鑽木取火，火怎麼能生出呢？可是要小心，不要失控，把木頭都燒掉了。

國家如果無亂政，奸臣便沒有滋生的病床。如果國家會生亂況，就因為姑息養奸。「有始有終，是非不動，能知之，其惟聖人乎！」有始有終特別難，尤其還能夠終而復始更難。通常有始無終的居多，「飄風不終朝，驟雨不終日」（《老子・二十三章》），這是常事。

坤卦第三爻「无初有終」，開始就沒讓你察覺，到最後有一個最好的結果，這種特殊的功夫很難。有始無終的太多了。還有，人情就是是非，不必太在意，吃苦當吃補，人家罵你，把他當成讚揚你，人家讚揚你，你也不動心。真金不怕火煉，面對是非，不要心浮氣躁，否則就著了人家的道兒。「能知之」，人瞭解這個道理，可以稱得上聖人了。

安：三盜既宜，三才既安

萬物盜天地之機以生成，人盜萬物之形以御用，萬物盜人之力以種植。彼此相盜，各獲其宜，俱不知為萬物化。故能用機者法此三事，以道之盜而賊於物，物亦知為盜之道。所以然者，貴得其時也，貴得其機也。故曰：「合其時而食，則百骸治；應其機而動，則萬化安。」乖時失機，則禍亂生也。

這裡開始解釋《陰符經》的中篇，針對「天地，萬物之盜；萬物，人之盜；人，萬物之盜。三盜既宜，三才既安。故曰：『食其時，百骸理；動其機，萬化安』」這一段來講的。

「萬物盜天地之機以生成，人盜萬物之形以御用，萬物盜人之力以種植。」天地人互相盜來盜去，還是那一套。萬物是盜取天地之精華才得以生長，一旦有滋養來的時候，絕不放過。由中國陰陽合曆的節氣之妙，就可以得知，有些東西在某一個時期才能長得好，錯過了那個時期生長出來的東西，吃了可能還有害，這是因為萬物都懂得盜天地之機以生成，故對人體無害。「人盜萬物之形以御用」，不管你吃葷、吃素，都是盜萬物之形，拿來提供自用。「萬物盜人之力以種植」，萬物藉著人的傳播、種植，得以再生長。可見，所有事物都是博弈，絕對是互動的，沒有單獨存在的道理。你覺得在利用它，其實它也倒過來利用你，你幹得越歡，它真正深藏的目的就達到了。所以，植物要繁殖的時候藉著蟲媒、人媒，得以落地發芽、生根長大。

「彼此相盜，各獲其宜，俱不知為萬物化」，互相盜來盜去，各自獲得應該的利益，這樣才能生，對於這種萬物的變化，有時候沒有辦法體察到。當然，這種長久形成的生態，一環扣一環，平衡非常重要，不能隨便破壞，破壞之後就不得了。

「故能用機者法此三事，以道之盜而賊於物，物亦知為盜之道」，因此能夠掌握時機變化的人效法天地萬物盜、萬物人盜、人萬物盜，「以道之盜」，指「天生天殺，道之理」，「而賊於物」，指萬物獲得利益，可見萬物也懂得盜亦有道。三盜要宜，三才才安，我們人生要追求宜，還要追求安。人生要求安真不容易。盜亦有道，物亦知為盜之道，參透造化這種錯綜複雜的互動、或予或求的盜的現象，就會明白：我們需要一些資源，未必會打招呼，這是自然的機制，而且是互動的，不是單向的。「所以然者，貴得其時也，貴得其機也」，為什麼會這樣，有時候不要專門去費心安排，大自然就已經安排好了，還是時機也。

「故曰：『合其時而食，則百骸治；應其機而動，則萬化安。』乖時失機，則禍亂生也。」吃東西要合時，身體就好。根據時機而變化，萬化就安定。如果錯失時機，一定是禍亂生。這就是「食其時，百骸理，動其機，萬化安」。「食其時，百骸理」就是養生，是人身這個小宇宙。「動其機，萬化安」，就是治國，是大宇宙。凡此種種，都要掌握時機，所以，「安」不是白撿的，而是懂得時機。什麼時候韜光養晦，什麼時候先發制人，都和時機有關。

神：不神之所以神

老君曰：「功成不有，為而不恃。」此全生立德之本也。夫小人者，貪其財則以身殉利，愛其名則以力爭功；矜炫神跡而求神名，物共嫉之，必喪其命；欲益招損，是不神矣。夫君子建大功而不恃，防小禍於未萌，退己進人，推能讓物，物共戴之，故不奪其利，自發神智，不能爭物，物共讓之，不居其後；為損招益，是以至神矣。故老君曰：「為者敗之，執者失之。」誠哉言也！

《天機經》這一段關於「神」的解釋是針對《陰符經》「人知其神之神，不知不神之所以神」這一句話。

「老君」，就是老子，世人把他捧成了神。老君曰：「功成不有，為而不恃。」這是根據《老子》「生而不有，為而弗恃，功成而不居」簡化而來。也就是說，有功不表現出來，有作為也不仗恃。什麼叫神？「人知其神之神，不知不神之所以神」，也就是「功成不有，為而不恃」，這才是真正的高境界。這一點要是做得到，誰都得服氣。「此全身立德之本也」，這是修身立德的根本。

「夫小人者，貪其財則以身殉利，愛其名則以力爭功」，小人貪財，甚至為了謀取利益而不惜身家性命。愛慕虛榮和名聲，不惜以武力來爭奪功利。「矜炫神跡而求神名，物共嫉之，必喪其命」，還裝神弄鬼，賣弄神通，希望人家把他當教主，結果越是這麼弄，越招人嫉恨，反而惹上官非，這樣子必然喪失己命。「欲益招損」，想要獲益反遭折損，「是不神矣」，這怎麼能叫神呢？有神的外貌，卻有著最糟糕的結果。真人不露相的神，反而是最高境界。

「夫君子建大功而不恃，防小禍於未萌」，真正成大功的君子，有功勞卻不居功，不沾沾自喜，而且及時防範小的禍患於未發生時。「退己進人」，人一旦自謙，就能退一步讓別人先進。但一般人是進己退人，一定不讓別人出頭，所以人生就那麼痛苦，就如「或躍在淵」，一不小心就打入萬丈深淵，運氣好就「飛龍在天」，真的是有天淵之別。人世間，有幾人能「退己進人」？人都爭先恐後，唯恐自己吃虧。「推能讓物」，人家比你能，要推薦、推舉他，要讓有本事的人為大家謀福利。「物共戴之」，「退己進人，推能讓物」的結果反而讓你得到大家的愛戴。正如《易經》謙卦（䷎）說「人道惡盈而好謙」，自滿的人大家不喜歡，而自謙的人大家都喜歡。「故不奪其利，自發神智，不能爭物，物共讓之，不居其後」。不爭權奪利，控制自己不參與紛爭，其實就是不爭之爭，如果不爭，天下莫能與之爭，這是道家最大的智慧。人都爭先恐後，自謙的君子就不爭，結果最後什麼都是你的；而那些拚命爭搶的，最後什麼也留不住。「為損招益，是以至神矣」，減損自己的利益，反而獲得大家的愛戴，這就是最高的神。他的做法跟一般人不一樣，看得遠，懂得人情人性。老子云「損之又損，以至於無為，無為而無不為」，「無不為」就是益。《易經》損卦在前，益卦在後，道理就在這裡。

「故老君曰：『為者敗之，執者失之。』誠哉言也！」老子說，抓到什麼東西都不願意放，想壟斷一輩子，結果抓不住，絕對失敗。這話講得太透了，確實是如此。嗜欲漸深，天機漸淺，還想掌握住任何東西，那是不可能的。老子說嬰兒「骨弱筋柔而握固」，因為嬰兒的心思柔弱，他的筋骨雖然柔弱，可是拳頭握得很緊；而我們大人的心思是什麼東西都是絕對要抱緊，其實很僵硬，不可能掌握住，一定會失去。老子說「甚愛必大廢，多藏必厚亡」，過分愛惜必定造成極大的耗費，儲存過多必定招致慘重的損失。因為你已經不是嬰兒的心態。「為者敗之，執者失之」，這永遠是道家的智慧給我們最大的提醒。

聖：聖功生焉，神明出焉

假如千年一聖，五百年一賢，應日月之數所生，而大小之人定矣。夫大人出世應明德而建聖功，小人當時則廢正綱而生惑亂。故太公說於西伯，知人望而已歸周；劉琨表於琅琊，識天時而未離晉；陵母自死，知明主之必興；括母不誅，見趙軍之必敗。故天道人事，賢者可以預知。佐非其人，夷於九族。故《易》曰：「長子率師，開國承家；小人勿用，必亂邦也。」

《陰符經》云：「日月有數，大小有定，聖功生焉，神明出焉。」「聖」，太難了，須內外兼修。故《天機經》云：「假如千年一聖，五百年一賢，應日月之數所生，而大小之人定矣。」「千年一聖」，說明人要修煉到聖人這個境界，概率太低，「五百年一賢」，即使是修到賢也不容易。我們看那些傳說中的狐狸精，也是得修五百年、一千年的，否則不能成精。「應日月之數所生」，出聖成賢，這是有數的。有時一個時代盡出拔尖的人才，有時一個時代滿是庸庸碌碌之輩，所以需要人才的時代，就特別缺乏人才。清朝的時候詩人龔自珍就說：「我勸天公重抖擻，不拘一格降人才。」《論語》中孔子說「才難」，人才太難得，琢磨了很久，三千弟子就顏回還像個樣子，結果早死。禪宗五祖弘忍也是感慨萬分，傳道那麼久，就神秀這一個勉強可以傳衣缽的門人。要不是惠能脫穎而出，估計整個禪宗的傳承光大就要大打折扣。可見，「千年一聖，五百年一賢」，不知要多少機緣，要「應日月之數所生」，強求不得，真是不容易。還有「大小之人定矣」，有時候淨出大人，有時候淨出小人，這也是各人根器不同，沒有辦法強求，就算是有人，知人還要善任，善任還要沒有矛盾，否則還不一定用得上。

「夫大人出世應明德而建聖功，小人當時則廢正綱而生惑亂」，大人出世是應明德而建立聖人功業，一旦小人當道，就會亂政，禍國殃民。

「故太公說於西伯，知人望而已歸周」，因此，太公才能遊說文王，為文王所用，並且太公知道民心所向，人心都嚮往周朝，周有王者興起的氣象而輔佐周文王。

「劉琨表於琅琊，識天時而未離晉」，劉琨，西晉政治家、軍事家、文人，年輕時曾為金谷二十四友之一，後累遷至并州刺史。永嘉之亂後，劉琨據守晉陽近十年，抵禦前趙。他與祖逖是同時代人，曾在一起擔任司州主簿，「聞雞起舞」講的就是他們兩人。劉琨一身正氣，以孤立之身，遊於豺狼之窟，一生未離晉叛國，以報晉之宗社。

「陵母自死，知明主之必興」，「陵母」指王陵之母。王陵為西漢初年大臣，秦末時為沛縣豪族，劉邦起兵攻陷咸陽，王陵集合數千兵佔據南陽，不願跟隨。劉邦與項羽作戰，王陵的母親在項羽營中，她為了讓王陵歸順漢王，伏劍自殺。項羽大怒將王陵之母烹煮，王陵於是歸順劉邦。陵母堪稱一位有見識的母親。

「括母不誅，見趙軍之必敗」，趙括的母親知道自己的兒子只會紙上談兵，用兵必敗，故趙王起用趙括時，她勸說趙王不成，就請求趙王，趙括一旦戰敗，請免家人一死。知子莫若母，果不其然，趙括長平之戰大敗，被秦軍坑殺降卒四十多萬，因括母有言在先，趙王不得不講信用，免了他家人之死。可見，趙括的母親深明大義，她清楚兒子能說會道，其實沒有真功夫，沒上過戰場，知道趙軍必敗。女人有這樣的見識，可惜國君卻剛愎自用。古人取名字是非常有意思的，像趙括，「括」就是因為多嘴，所以要趕快閉嘴，正如《易經》坤卦第四爻所說的「括囊，无咎无譽」，結果他反而不「括」，愛講話、愛表現，養成了紙上談兵的習慣。趙括之父趙奢，「奢」就是很外放，然而趙奢實際的作為一點都不奢，非常內斂。古人取名字就是針對人的弱點，期望此人能以此為戒。可惜，趙括從小聰明伶俐，自命不凡，閉不了嘴，結果身死國敗。

「故天道人事，賢者可以預知。佐非其人，夷於九族。」天道人事，賢者可以預先知曉，所以不要自欺欺人。如果輔佐的對象錯了，小心被誅九族，因為當帝王師是風險最高的。明朝初年，方孝孺為建文帝的老師，在靖難之變後，不肯屈服於明成祖朱棣，結果被誅十族，連學生都跟著倒楣。所以，在那個時代，真的要祈禱老師不出事。姜子牙寧願年高遇文王，伊尹最後選擇商湯，都是不隨便擇主而從，而是慧眼識明主。

命：小人得之，輕命

夫成敗之道未形，死生之機未發，小人能見，君子能知，則易見而難知，見近而知遠也。夫見機者，則趨時而就利，皆不保其天年。知機者，則原始而要終，固必全其性命。

《陰符經》云：「其盜，機也。天下莫能見，莫能知。君子得之，固躬；小人得之，輕命。」「命」是很重要的，君子得之和小人得之結果完全不同。

「成敗之道未形，死生之機未發，小人能見，君子能知，則易見而難知，見近而知遠也」，成敗之道尚未顯示，死生之機尚未發動，發生時小人才能看見，君子事先就能知曉，這是因為看見容易而預知困難，看只能看到近處，預知卻可以高瞻遠矚。

「夫見機者，則趨時而就利，皆不保其天年」，小人就算看見機，想要趨避而謀取利益的，都不得善終。我們看，「見機」還有條件，像《易經》中，我們占到同樣的爻，如剝卦（䷖）上爻，君子就得輿，小人就剝廬，所以這跟修為有關。機沒有白撿的，每個人都認為要見機，就趨時就利，但是最後不得善終，不能保其天年。

「知機者，則原始而要終，固必全其性命」，真正的知機者，一定要有命的觀念，要善始善終，這樣才能保全自己的性命。如果小人得之就會輕命，君子得之就會固守天道，而不是一時之間的追隨風尚。但是，一般人都如同近視眼，甚至是瞎子，不懂得加強自己的修為、反躬自省。小人憑僥倖行事，怎能全身而退？

「全其性命」，是道家非常重視的，為什麼把養生、治國一起講？因為不要為了治國耽誤養生，養生是大事，累死有什麼好呢？不能隨便犧牲性命，像美國那些職業軍人，打過仗，就知道不能隨便打仗，沒打過仗的，甚至在大戰的時候逃兵役，反而是戰爭販子。

倍：絕利一源，用師十倍

瞽者善聽，神不離於耳；聾者善視，心不離於目。其為聽也，神則專耳；其為視也，心則專目。耳之與目，遞為用。師當用之時，利絕其一心之所主，則無事不精，猶有十倍之利，何況反覆以此用之？三思，精誠一計，順時隱顯，應機行藏，以此用師，固萬倍之勝利。

開始解釋到《陰符經》下篇的專業效率問題了。首先是「瞽者善聽，聾者善視。絕利一源，用師十倍；三反晝夜，用師萬倍」，「倍」字體現了高效率。

「瞽者善聽，神不離於耳」，盲人善聽，是因為精神集中在耳部。「聾者善視，心不離於目」，而聾人善於觀察，是因為用心在眼睛上。心、目在《易經》中，都是離卦的象徵，離為心、為目，心目是相通的。

「其為聽也，神則專耳；其為視也，心則專目」，聽是集中精神，看是集中目光，都是專注。「耳之與目，遞為用」，耳目交相為用，就要廣設耳目，要有情報網，要有資訊的來源。

「師當用之時，利絕其一心之所主，則無事不精，猶有十倍之利，何況反覆以此用之」。就像打仗一樣，用兵行軍的時候，專注一心，用一致的功夫，那麼沒有什麼事是不能精通的；一旦專注，用一倍的心力可以擁有十倍的收穫，何況反覆用這種專注的方法呢？

「三思，精誠一計，順時隱顯，應機行藏，以此用師，固萬倍之勝利」。做事時三思而後行，真心誠意於一個計畫或者目標，該隱的時候就隱，該顯的時候就顯，什麼時候該動，什麼時候不能動，以此用在兵法或者人生的競爭上，可以固守萬倍的收穫。正如管子所說：「思之思之……鬼神通之。」一個人能夠料事如神，不知下過多少思考、專注的功夫。《尚書》稱：「惟精惟一，允執厥中。」即用功精深，用心專一，言行就會不偏不倚，符合中正之道。確實如此，一門深入，專注專一，就生成倍的效力，可成大事、立大功。「文王拘而演《周易》；仲尼厄而作《春秋》；屈原放逐，乃賦《離騷》；左丘失明，厥有《國語》；孫子臏腳，兵法修列」，都是如此。

物：心生於物，死於物

夫人之心，無故不動。生之與死，緣物而然。物動則心生，物靜則心死。生死之狀，其惟物乎！

這一段是針對《陰符經》「心生於物，死於物」而言，重心在「物」。

「夫人之心，無故不動」，人的心不會隨便亂動。「生之與死，緣物而然」，生和死，是因為物欲的緣故。「物動則心生」，看到外面的誘惑，有美女經過，有跑車飛馳而過，於是動心了。「物靜則心死」，要是沒有物欲的誘惑，心也就不亂撞了。「生死之狀，其惟物乎」，心的生死狀態跟外界的物之動靜有關，像目盲五色、耳聾五音，都是物欲的牽引，所以要好好管制心的生死，不要亂看。

目：機在目

目者神之門，神者心之主，神之出入，莫不游乎目。故見機者，莫不尚乎目；知機者，莫不尚乎心。

這一段講的是「機在目」，重點在「目」。

「目者，神之門」，眼睛，是精神的門戶。「神者，心之主」，精神則主宰著心。「神之出入，莫不游乎目」，精神的出入，都與眼睛有關。「故見機者，莫不尚乎目」，見機而作，要有雪亮的眼睛。「知機者，莫不尚乎心」，知機而動，要有心的判斷。

蠢然：迅雷烈風，莫不蠢然

夫道不為萬物而生春，萬物感春炁而自生；秋不為萬物而殺，萬物感秋炁而自殺。其為生也，不恃其恩，不求其報，故其恩大矣；其為殺也，不恃其威，不求其懼，其威大矣。凡物取而得之者小，不取而得之者大，故聖人不取。夫君王有道無道，則人民治亂之機，歌謠或樂或哀，則時年豐儉之兆。時人不能省察，天地乃降徵祥，或五雲騰起，七曜變行，皆因國風，是以然矣。且宋君失德，熒惑守心；及乎謝罪，退之三舍。用今儔古，皎在目前；以彼喻斯，豈勞心術？故智者悟於人事之初，而愚者晦於星象之後矣。

這一段針對「天之無恩而大恩生。迅雷烈風，莫不蠢然」而言，重點是「蠢然」。

「蠢然」，危機四伏時蠢蠢欲動，欲望一動，要是不見機早，不做一些防範，下面就很難講。就像美國長期以來處理中東地區的紛爭，道高一尺，魔高一丈，用的方法有問題，結果越打越凶，越打越殘酷，這是對美國的一個教訓，也是對世人的一個教訓。那些蠢蠢欲動的人可都有美國護照、英國護照。所以這是美國最怕的。這種突襲，美國可禁不起。蘇格蘭意圖獨立，對驕傲的大英帝國無疑是一個大巴掌。英國在人類文明發展史上，佔很重要的角色，但是也是始作俑者，它從開始就掠奪全世界，美國繼其衣缽，所以受一點教訓也好。這就叫「蠢然」，很多地方都在蠢蠢欲動，要做好管控，就要有一根大大的金箍棒。

為什麼會蠢然欲動呢？因為整個時代的風潮、氛圍，不動都不行，如同驚蟄、春分的節氣一樣。像傳染病的流行，一不小心，很快就星星之火可以燎原，如迅雷烈風般傳播，以至於藏在地底下的都想冒出來。

「夫道不為萬物而生春，萬物感春炁而自生；秋不為萬物而殺，萬物感秋炁而自殺」，對自然之道來講，它是沒有分別心的，沒有特定的對象，一切自然而然。就像天道不因為萬物產生春天，而是萬物感受到春氣而自然生長；秋天不是針對萬物而肅殺，而是萬物感受到秋氣而飄零。春夏秋冬的出現，沒有目的，是自然之道，萬物之感都是自然的。「天地感而萬物化生，聖人感人心而天下和平」（《易經．繫辭傳》），一切自然而然。道不是為了萬物而有春天，可是萬物一定會感染到春氣而自生，沒有人要它生，它的天性就是生。秋天落葉的時候，也不是有目的，是萬物感秋氣而自殺。一個自生，一個自殺。秋天的心就是愁，自然而然就很哀傷，「秋風秋雨愁煞人」（秋瑾詩）。萬物的生滅，都很自然。

「其為生也，不恃其恩，不求其報，故其恩大矣」。天地之間有春天，會生萬物，因為萬物有感，是「天之無恩而大恩生」，它不是故意的，但是它影響一切；所以天地生了萬物，也不覺得對萬物有什麼恩，它也不求你報答。挾恩求報，這是人的行為，老天爺不幹這種事。「不恃其恩，不求其報」，這才叫大恩，因為它沒有想法，也不是有目的的。很多人幫別人忙是有目的的，有些人是點滴之恩，希望幾十年之後幫助的對象湧泉相報，這就不合乎天道。《易經》中的益卦（䷩）第五爻稱「有孚惠心，勿問元吉。有孚惠我德」，這就告訴我們，要照顧老百姓，讓百姓享受真正的實惠，不要摻雜私欲，不要問天，也沒有什麼好問的，這樣做一定好。「有孚惠心」，不考慮回報，也不必人家感恩，結果是「勿問元吉」，最後發現受惠的人都擁戴自己，從而形成一個互信、互惠、互愛的社會。如果做事盡想著回報，結果就變成益卦的上爻：「莫益之，或擊之，立心勿恒，凶。」可見，起心動念真的是騙不了人。精打細算，那是做買賣，不是布施。「其為殺也，不恃其威，不求其懼，其威大矣」，天殺時，不會大顯威風，也不會讓大家害怕，這才叫大威。一切都是自然的，沒有目的。

「凡物取而得之者小，不取而得之者大，故聖人不取」，自然之道就是這樣，不是有意要取，如果有心想要取得什麼，真正得到的東西反而有限。「不取」就是無為而治，結果自然給的東西多，「故聖人不取」。這完全是老子、道家的智慧。取就是想得，得了就有失；不取，無心、自然反而最好。

「夫君王有道無道，則人民治亂之機，歌謠或樂或哀，則時年豐儉之兆」，當國君的有道無道，有沒有這種智慧，是人民安定和動盪之機。民歌或樂或哀，是年成豐收與歉收的徵兆。所以，掌握權力資源的人一旦不正，就會影響人與人、人與天地鬼神的平衡，馬上就有災眚。君王有道還是無道，老百姓是治是亂的機就繫於此。領導人太重要了，他的起心動念，關係民生。「歌謠或樂或哀」，這是中國歷史上一個特色。通常到革故鼎新、改朝換代的時候，有些童謠就顯現那個時代的氣運。這在漢朝叫做讖緯，像廟裡面的籤詩一樣，聽起來好像有天機，但天機絕對不會通過大人講出來，一定是通過小孩顯現出來。因為小孩自然感應到了，童謠就莫名其妙地跑出來了，再加上一些有野心的政客利用歌謠，就能煽動人心。《詩經》中的《國風》就體現民眾的心聲。「或樂」，興旺的時代必有禎祥；「或哀」，滅亡的時候必有妖孽。東漢黃巾起義，口號就是「蒼天已死，黃天當立」。歌謠所揭示的改朝換代，不要小看，那都叫「機」。通常那些苟延殘喘的末代王朝，一定不敢面對真相。反而要很真誠的老百姓，最好是小娃娃，突然哼起驚魂動魄的歌謠，因為他們保有純真，有什麼就反映出什麼。孔子說，「《詩》可以興、可以觀、可以群、可以怨」，《詩經》本來就是歌謠體，三百篇裡面不知有多少「怨」。《詩經》的收錄是周朝有意搜集民情，瞭解社會風氣。但是春秋時期這種做法已不受重視，所以孔子就作《春秋》，為民喉舌，來警告當政者，這就是孟子所說的「詩亡而後《春秋》作」。「歌謠或樂或哀，則時年豐儉之兆」，會影響到那一年的生產，就像《易經》的預測一樣。

「時人不能省察，天地乃降徵祥，或五雲騰起，七曜變行，皆因國風，是以然矣。」這一般人不能反省覺察，因為他們不是追逐名，就是追逐利，嗜欲深，天機就淺，怎麼能夠省察呢？那些個名嘴每天急著要上電視，哪有時間看書思考、反省自己的行為呢？所以每一個人都面目猙獰了，無論男女，全部都是禽獸的象，好可怕。「時人不能省察」，老天爺可著急了，它雖然是無心自然，但還是希望人間不要那麼慘，可是一般人老是不醒悟，所以「天地乃降徵祥」。天地所降的「徵祥」不一定是好的，有時是災疫，目的就是讓你趕快改，改還有機會，要是不改，下面還有更重的打擊。「或五雲騰起」，五雲騰起還好。「七曜變行」，七曜是中國古代對日（太陽）、月（太陰）與金（太白）、木（歲星）、水（辰星）、火（熒惑）、土（填星、鎮星）五大行星的總稱。「七曜變行」，不就是「天發殺機，移星易宿」嗎？原來的運行軌道都變了。然後「皆因國風，是以然矣」，這是因為國家的風氣就是這個樣子。感應了，多變了，就有「八月之凶」（《易經．臨卦》），就是這麼回事。《春秋》論災異也是這樣，所謂的天人感應，絕對不是迷信。像《詩經》的十五國風，每一個民間的歌謠都包含著很重要的天機。

下面就講春秋時代的歷史事件了：「且宋君失德，熒惑守心；及乎謝罪，退之三舍。」宋景公三十七年（西元前四八〇年），熒惑守心，景公憂心大禍，問於太史兼司星官子韋，子韋說：可移於宰相或蒼生。景公因念及天下蒼生而不同意，此時熒惑竟退避三舍。此事詳細記載在《史記．宋微子世家》：

三十七年，楚惠王滅陳。熒惑守心。心，宋之分野也。景公憂之。司星子韋曰：「可移於相。」景公曰：「相，吾之股肱。」曰：「可移於民。」景公曰：「君者待民。」曰：「可移於歲。」景公曰：「歲饑民困，吾誰爲君！」子韋曰：「天高聽卑。君有君人之言三，熒惑宜有動。」於是候之，果徙三度。

那麼何謂「熒惑守心」呢？

「熒惑守心」，「熒惑」又名赤星、罰星、執法。又視火星在東方叫懸息，在西方為天理，在南方為火星。火之精，赤帝之子。方伯之象，主歲成敗，司宗妖孽，主天子之禮，主大鴻臚、主死喪、主憂患。總的來說，在古人的眼裡，火星近於妖星，司天下人臣之過，主旱災、饑疾、兵亂、死喪、妖孽等。火星在五常為禮，於五事為辨。

「心」指中國傳統的天文學中二十八宿之中的心宿，心宿有三顆星，分別代表了皇帝和皇子、皇室中最重要的成員。而火星總是在黃道附近移動，熒惑守心是指火星在心宿內發生「留」的現象。在中國的占星學上被認為是最不祥的，象徵皇帝駕崩、丞相下台。

可見，宋君失德，「天發殺機，移星易宿」，王者失德，天上的星象就反應不正常，宋國的國君嚇壞了，馬上就齋戒沐浴禱告，於是星象就退了，又恢復正常。

「用今儔古，皎在目前；以彼喻斯，豈勞心術？」古人今人一也，道理非常簡單，我們都瞭解天人感應，拿這個來比喻那個，哪裡還需要費腦筋去想呢？自然之道的「迅雷烈風」一定是「莫不蠢然」，沒有一個例外。

「故智者悟於人事之初，而愚者晦於星象之後矣」，智者看到危局已經出來了，而愚者直到天下大亂的時候，才曉得實情如此。這就是後知後覺，甚至是不知不覺。先知先覺的人剛開始就知道不對了，趕快下手。這就叫「蠢然」，面對危機，及早防患。

生：恩生於害，害生於恩

老君以無為有母，靜為躁君。夫靜者，元氣未分之初，形於元氣之中，故能生天地萬物，亦猶人弘靜，其心不撓，則能生天下萬物也。

這一段講的是「生者，死之根；死者，生之根。恩生於害，害生於恩」，重點在「生」。

「老君以無為有母，靜為躁君」，這句話脫胎於《老子》。意思是老子以「無」為「有」的母體，「靜」為「躁」的主宰。「靜」就是《易經》中的漸卦（䷴），「躁」就是歸妹卦（䷵），兩卦相錯、相綜，不可分割，漸卦代表鴻雁群飛，不可以有離群的孤雁，離群的孤雁不會有任何競爭力，所以稱「雁行團隊」。歸妹卦則是大老婆、小老婆一起吵架，彼此還要配合，也是一個團隊的精神，不可分割。雁群不能分割，團隊不可分割，人跟自己的過去、現在、未來也不可分割。「無為有母」，即天下有母，代表坤卦的智慧，越安靜越好，越沉靜越好。靜了才能生，塵埃落定，心裡才會透明、透亮；浮浮躁躁，什麼也警覺不到，什麼也看不清楚。

「夫靜者，元氣未分之初，形於元氣之中，故能生天地萬物」。靜，是元氣未分的開端，寄形於元氣中，所以能生天地萬物。「亦猶人弘靜，其心不撓，則能生天下萬物也」。就像人的心胸開闊，安靜沉靜，意志力很堅定，絕對是不折不撓，就能生天下萬物。就如水滴石穿一樣，最後有了好結果。這就是生的奧秘，生是從靜而來的，不是從浮躁中來的，是以坤卦的智慧取勝。

勝：陰陽相勝

勝，浸長也。天地之道，各自浸長。天則長陽也，地則長陰也。陰陽相招，一晝一夜，遞為君臣，更相制勝，故曰「陰陽相勝」。夫開國用師，必侵天道，亦猶金火相交，而非交不伏也。天且弗違，而況於人乎？

這一段講「勝」，解釋《陰符經》：「自然之道靜，故天地萬物生；天地之道浸，故陰陽勝。」「天地之道浸，故陰陽勝」，要懂得浸的道理，才能在這樣的陰陽互動之中，有取勝的機會。「浸」，不顯山也不露水，但是功夫下得透。天地之道，就像太極圖一樣，陰陽之間，不是你滲透我，就是我滲透你，你中有我，我中有你，這就是「浸」的功夫，藉陰陽互動而取勝。

「勝，浸長也。天地之道，各自浸長」，想取勝對方勿急切，須懂得慢慢發展成長的道理。天地自然之道就是如此。

「天則長陽也，地則長陰也」，天是陽氣漸長，地是陰氣漸長。

「陰陽相招，一晝一夜，遞為君臣，更相制勝，故曰『陰陽相勝』」。陰氣陽氣密切互動，就像晝夜交替，有時候陰做主，有時候陽做主，不會有人是壟斷全局的，沒有說陽一定勝陰，或陰一定勝陽。

「夫開國用師，必侵天道，亦猶金火相交，而非交不伏也」。任何一個新的朝代建立過程中，通常都得大動干戈，殘傷人命有損天道。就像烈火爍金，不這樣衝撞不行。改朝換代、革故鼎新之後，怎麼建侯，怎麼賞罰，如何安排妥當非常重要。通常一般人都志得意滿，於是因「賞罰不公」而埋下禍根。老天爺會在旁邊看你到底比推翻之前的政權好多少，看你有沒有開國氣象，若舉措失宜，可能還不必等到你孫子，到你兒子就出問題。「金火相交」就是革故鼎新，澤火革（䷰）、火風鼎（䷱），正合《易經》卦象。

「天且弗違，而況於人乎」，做對了，上天尚且不違背，何況人呢？大家一定歡喜跟從。

順：陰陽相推，而變化順

《易》曰：「剛柔相摩而生變化。」變化不莕，故曰「順也」。夫人之育生治性，尚不可逆時為之，而況經邦佐世之雄哉？

這一段解釋《陰符經》之「陰陽相推，而變化順矣」，講的是「順」。

「《易》曰：『剛柔相摩而生變化。』」這句話出自〈繫辭傳〉的首章：「剛柔相摩，八卦相蕩，鼓之以雷霆，潤之以風雨，日月運行，一寒一暑。」還有次章的「剛柔相推而生變化」，意思是剛與柔互相推移而展現變化。剛柔相推能生變化，這是《易經》的總原理，不管你走儒家的路子，還是道家的路子，不可能違背這個道理。

「變化不匿，故曰『順也』」，變化是不可改變的，有智慧的人，完全看得透，知道事物是怎麼變化的，未來會怎麼變化。看得懂陰陽之間的互動，怎麼相摩蕩，變化就可以預測。

「夫人之育生治性，尚不可逆時為之，而況經邦佐世之雄哉」。我們要養小孩，要教學生，要自度度人，自己的劣根性也得整理，不能違反天時，要順時順勢，更何況那些安邦定國幹大事業的人，更不可以逆時為之，一定要順天應人。革命要順天應人，才能讓跟隨的人忘勞忘死。所以，幹大事要順乎天而應乎人，絕對不能逆，逆就不可能成功。不要說治國平天下，包括我們平常的養生，都不能逆時。「時」就是一切，逆時就不可能成功，要順時而動才會領跑在時代的前面。

契：律曆所不能契

至聖之道，窈然無為。無為則無機，無機則至靜。夫律曆之妙，動則能知。體既虛無，莫得施其管術，亦猶兵者不失其機，不露其釁，雖有智士，從何制焉？

《陰符經》講「至靜之道，律曆所不能契」，強調了「契」，契合、契約，要百分之百地精確，沒有任何一點誤差。我們發明的曆法，要有量化基礎的「制數度」，探測至靜之道，但還是不會百分之百精確。可見，人跟天一定有差距，因為律曆不能完全契合至靜之道，所以我們就要修整誤差。至靜之道很難探測，是律曆所不能精確的，所以要用到八卦、甲子、神機、鬼藏，除了量化的數值之外，還有很多智慧的、不可量化的境界。

「至聖之道，窈然無為」，很虛靈的樣子，這就是道家裡面最高的道。「無為則無機，無機則至靜」，無為，沒有什麼目的，怎麼會顯現出徵兆呢？沒有徵兆別人怎麼探測你呢？大自然就是至靜，所以修道之人要清靜無為才能夠契合「至靜之道」。人常常機關算盡，卻終究不能成功，就因為存心跟天道的至靜不一樣。

「夫律曆之妙，動則能知」，人類發明的律曆已經不得了，動則能知。「體既虛無，莫得失其管術」，可是道體既然是虛無的，用這麼多探測辦法，還是不見得能夠百分之百地掌握。「亦猶兵者不失其機，不露其釁」，就像用兵時不能失去時機一樣，不露出弱點。我們人跟天爭，常常最後是輸家。因為天就是比我們高一點，我們沒有辦法至靜，就像兵法的較量，它「不失其機，不露其釁」，沒有機會給我們，也不會給我們挑釁的藉口。天沒有任何瑕疵，而人的瑕疵可多了，生氣的時候，深情的時候，缺點一大堆，人家就可以來挑釁，找到你露出的缺陷。天的「至靜之道」，沒有缺陷，而且陰陽不測，所以我們跟它較量，永遠是輸家。「雖有智士，從何制焉」，就算有大智大慧之人，我們怎麼能制服老天爺呢？制服不了天道，再聰明也沒有用。可見，人如果能夠練無為法，修到天道的時候，那些想對付你的人都打不過你，因為你完全不可測，完全不露任何徵兆給人看到。

象：爰有奇器，是生萬象

奇器者，陰陽之故，能生萬物。亦猶人心，能造萬事象矣。進前象狀也，八卦六甲，鬼神機密之事，剛柔相制之術，昭昭乎前列其狀矣。

這一段解釋《陰符經》最後的「爰有奇器，是生萬象。八卦、甲子，神機鬼藏，陰陽相勝之術，昭昭乎進乎象矣！」重點在「象」。最高的是象，不是那些術，所以「得意忘象」，象才能夠掌握那個意，「得象忘言」。「爰有奇器，是生萬象……神機鬼藏」，陰陽相勝之術都看穿了，工夫夠的人看得清清楚楚，明明白白。

「奇器者，陰陽之故，能生萬物」，陰陽之道相推而生出萬物，我們的祖先才留下那麼多的寶貝。正如《易經．繫辭傳》說：「一陰一陽之謂道，繼之者善也，成之者性也。仁者見之謂之仁，知者見之謂之知，百姓日用而不知。」百姓中的小朋友，他可能唱出反映天機的歌謠，但是他並不是理性的認知，就是一個純粹的感應。我們必須要承認有這種東西，這樣才能得天地之道，不要老是在那邊計算，怎麼計算都差一點，而且人是有欲望、有目的的。

「亦猶人心，能造萬事象矣」，萬事萬象都是人心造的。「進前象狀也，八卦六甲，鬼神機密之事」。天機這種東西，不外乎是「剛柔相制之術」，看懂了它，就要擬出一些術，來取得最好的結果，「昭昭乎前列其狀矣」，一切都很清楚。

附錄（《陰符經》和《天機經》本文）

《陰符經》本文*

〈上篇〉神仙抱一演道章

觀天之道，執天之行，盡矣！

天有五賊，見之者昌。五賊在心，施行於天。宇宙在乎手，萬化生乎身。

天性，人也；人心，機也。立天之道，以定人也。

天發殺機，移星易宿；地發殺機，龍蛇起陸；人發殺機，天地反覆；天人合發，萬化定基。

性有巧拙，可以伏藏。九竅之邪，在乎三要，可以動靜。

火生於木，禍發必克；奸生於國，時動必潰。知之修煉，謂之聖人。

〈中篇〉富國安民演法章

天生、天殺，道之理也。

天地，萬物之盜；萬物，人之盜；人，萬物之盜。三盜既宜，三才既安。故曰：

「食其時，百骸理；動其機，萬化安。」

人知其神之神，不知不神之所以神。

日月有數，大小有定，聖功生焉，神明出焉。

其盜，機也。天下莫能見，莫能知。君子得之，固躬；小人得之，輕命。

〈下篇〉強兵戰勝演術章

瞽者善聽，聾者善視。絕利一源，用師十倍；三反晝夜，用師萬倍。

---

*參見蕭登福《黃帝陰符經今註今解》，台北，文津出版社，一九九六年。

心生於物，死於物，機在目。

天之無恩而大恩生。迅雷烈風，莫不蠢然。

至樂性餘，至靜性廉。天之至私，用之至公。禽之制，在氣。

生者，死之根；死者，生之根。恩生於害，害生於恩。

愚人以天地文理聖，我以時物文理哲。

人以愚虞聖，我以不愚虞聖。人以奇其聖，我以不奇其聖。沉水入火，自取滅亡。

自然之道靜，故天地萬物生；天地之道浸，故陰陽勝。陰陽相推，而變化順矣。

是故聖人知自然之道不可違，因而制之。

至靜之道，律曆所不能契。爰有奇器，是生萬象。八卦、甲子，神機鬼藏，陰陽相勝之術，昭昭乎進乎象矣！

《天機經》本文

總序

敘曰：有機而無其人者，敗；有其人而無其道者，敗。故《易》曰：「即鹿无虞，惟入于林中，君子幾，不如舍，往吝。」

故聖人觀其時而用其符，應其機而制其事，故能運生殺於掌內，成功業於天下者也。《易》曰：「君子藏器于身，待時而動。」

是以聖人保之於靈台，以觀機變。卷之，則自勝；舒之，則勝人。察之，則無形；用之，則不極。《易》曰：「陰陽不測之謂神。」而陰符象之矣。

故聖人不測之符，陶均天下，而無所歸怨矣。夫天為地主，道為德君。故聖人奉地而法天，立德而行道。舉天道而為經首，明地以奉之。《易》曰：「乃順承天，待時而動。」

是故聖人將欲施為，必先觀天道之盈虛，後執而行之；舉事應機，則無遺策。

《易》曰：「後天而奉天時。」

昌

夫聖人法地而奉一，立德而行道；居天地道德之間，建莫大之功者，未有不因五賊而成也。五賊者：其一賊命，其二賊物，其三賊時，其四賊功，其五賊神。

皇帝王霸，權變之道也。是以聖人觀其機而應之，度其時而用也。故太公立霸典而滅殷朝，行三風而理周室，豈不隨時應機，驅馳五賊者也？

故聖人立本於皇王之中，應機於權霸之內，經邦治身，五賊者備矣，則天下望風而從之，竭其性命而無所歸其恩怨也。

乃謂之曰：「有道之盜，無形之兵。」嗚呼！寇莫大焉。五賊在心，擒縱在手，治身佐世，莫尚於斯。經云：「見之者昌。」不亦宜乎？

身

夫人心，身之主，魂之宮，魄之府。將欲施行五賊者，莫尚乎心，事有所圖，必合天道。此則宇宙雖廣，覽之，只在於掌中；萬物雖多，生殺不離於術內。則明天地不足貴以遠以厚，而況耳目之前乎？

機

夫殺機者，兩朝終始之萌，萬人生死之兆。處雲雷未泰之日，玄黃流血之時，故天之為變也，則龍出於田，蛇游乎路。此為交戰之機，故曰「龍蛇起陸」。人之為變也，則春行秋令，賞逆罰忠，此為顛墮之機，故曰「天地反覆」。天人之機同時而發，雖千變萬化，成敗之機定矣。

藏

夫仁者必有勇，勇者不必有仁，智者能愚，愚者不必能智。故聖人時通，則見其巧而建其功；時否，則見其拙而昧其跡。故孔明序曰：「太公八十，非不遇也，蓋審其主焉。」嗚呼！性命巧拙之時，識達行藏之勢，可以觀變察機，運用五賊。所以然者，夫聖人所以深衷遠照，動不失機，觀天料人，應時而作。故《易》曰：「知進退存亡而不失其正者，其惟聖人乎！」

靜

夫九竅者，在天為九星，在地為九州，在人為九竅。九竅之炁不正，故曰受邪。受邪則識用偏，識用偏則不可發機觀變，故九竅之急在乎三要。太公曰：「耳目口也。」夫耳目口者，心之佐助也，神之門戶也，智之樞機也，人之禍福也。故耳無聰，不能別其音；目無明，不能見其機；口無度，不能施其令。夫三要不精，上不能治國，下不能治家，況兵者乎？懸人之性命，為國之存亡，靜動之間，不得無事，豈可輕而用之？

人

夫火生於木，火發而木焚；國生於奸，奸生則國亂。亦猶蠶能作繭，繭成則殺其身；人能生事，事煩則害其命。非至聖不能修身煉行，防之於未萌，治之於未亂。夫十圍之木，起於拱把；百仞之台，起於足下。治小惡不懼，必成大禍。嗚呼！木不相摩，火無由出；國無亂政，奸無由生。有始有終，是非不動，能知之，其惟聖人乎！

安

萬物盜天地之機以生成，人盜萬物之形以御用，萬物盜人之力以種植。彼此相盜，各獲其宜，俱不知為萬物化。故能用機者法此三事，以道之盜而賊於物，物亦知為盜之道。所以然者，貴得其時也，貴得其機也。故曰：「合其時而食，則百骸治；應其機而動，則萬化安。」乖時失機，則禍亂生也。

神

老君曰：「功成不有，為而不恃。」此全生立德之本也。夫小人者，貪其財則以身殉利，愛其名則以力爭功；矜炫神跡而求神名，物共嫉之，必喪其命；欲益招損，是不神矣。夫君子建大功而不恃，防小禍於未萌，退己進人，推能讓物，物共戴之，故不奪其利，自發神智，不能爭物，物共讓之，不居其後；為損招益，是以至神矣。故老君曰：「為者敗之，執者失之。」誠哉言也！

聖

假如千年一聖，五百年一賢，應日月之數所生，而大小之人定矣。夫大人出世應明德而建聖功，小人當時則廢正綱而生惑亂。故太公說於西伯，知人望而已歸周；劉琨表於琅琊，識天時而未離晉；陵母自死，知明主之必興；括母不誅，見趙軍之必敗。故天道人事，賢者可以預知。佐非其人，夷於九族。故《易》曰：「長子率師，開國承家；小人勿用，必亂邦也。」

命

夫成敗之道未形，死生之機未發，小人能見，君子能知，則易見而難知，見近而知遠也。夫見機者，則趨時而就利，皆不保其天年。知機者，則原始而要終，固必全其性命。

倍

瞽者善聽，神不離於耳；聾者善視，心不離於目。其為聽也，神則專耳；其為視也，心則專目。耳之與目，遞為用。師當用之時，利絕其一心之所主，則無事不精，猶有十倍之利，何況反覆以此用之？三思，精誠一計，順時隱顯，應機行藏，以此用師，固萬倍之勝利。

物

夫人之心，無故不動。生之與死，緣物而然。物動則心生，物靜則心死。生死之狀，其惟物乎！

目

目者神之門，神者心之主，神之出入，莫不游乎目。故見機者，莫不尚乎目；知機者，莫不尚乎心。

蠢然

夫道不為萬物而生春，萬物感春炁而自生；秋不為萬物而殺，萬物感秋炁而自殺。其為生也，不恃其恩，不求其報，故其恩大矣；其為殺也，不恃其威，不求其懼，其威大矣。凡物取而得之者小，不取而得之者大，故聖人不取。夫君王有道無道，則人民治亂之機，歌謠或樂或哀，則時年豐儉之兆。時人不能省察，天地乃降徵祥，或五雲騰起，七曜變行，皆因國風，是以然矣。且宋君失德，熒惑守心；及乎謝罪，退之三舍。用今儔古，皎在目前；以彼喻斯，豈勞心術？故智者悟於人事之初，而愚者晦於星象之後矣。

生

老君以無為有母，靜為躁君。夫靜者，元氣未分之初，形於元氣之中，故能生天地萬物，亦猶人弘靜，其心不撓，則能生天下萬物也。

勝

勝，浸長也。天地之道，各自浸長。天則長陽也，地則長陰也。陰陽相招，一晝一夜，遞為君臣，更相制勝，故曰「陰陽相勝」。夫開國用師，必侵天道，亦猶金火相交，而非交不伏也。天且弗違，而況於人乎？

順

《易》曰：「剛柔相摩而生變化。」變化不匿，故曰「順也」。夫人之育生治性，尚不可逆時為之，而況經邦佐世之雄哉？

契

至聖之道，窈然無為。無為則無機，無機則至靜。夫律曆之妙，動則能知。體既虛無，莫得施其管術，亦猶兵者不失其機，不露其釁，雖有智士，從何制焉？

象

奇器者，陰陽之故，能生萬物。亦猶人心，能造萬事象矣。進前象狀也，八卦六甲，鬼神機密之事，剛柔相制之術，昭昭乎前列其狀矣。

從易經看黃帝陰符經 / 劉君祖著. -- 初版. -- 臺北市 : 大塊文化, 2019.10

面；　公分. --（劉君祖易經世界 ; 19）

ISBN　978-986-5406-01-1（平裝）

1. 易經　2. 陰符經　3. 研究

121.17　　108012613

劉君祖易經世界19

從易經看黃帝陰符經

作　者：劉君祖
封面畫作：吳冠德、石傳曼
責任編輯：李濰美
封面設計：林育鋒
校　對：趙曼如、鄧美玲、劉君祖
法律顧問：董安丹律師、顧慕堯律師
出　版：大塊文化出版股份有限公司
地　址：台北市10550南京東路四段二十五號十一樓
網　址：www.locuspublishing.com
讀者服務專線：0800-006689
電　話：(02) 87123898　傳真：(02) 87123897
郵撥帳號：18955675　戶名：大塊文化出版股份有限公司
總 經 銷：大和書報圖書股份有限公司
地　址：新北市24890新莊區五工五路二號
電　話：(02) 89902588（代表號）　傳真：(02) 22901658
初版一刷：二〇一九年十月
定　價：新台幣三二〇元
Printed in Taiwan